読みなおす日本史

奈良の寺々

古建築の見かた

太田博太郎

吉川弘文館

はじめに

古都奈良を訪れる人は、毎年たいへんな数に上っています。春秋の気候のいいときは、バスを連ねた高校生や中学生の修学旅行の姿もたくさん見られます。その人たちは法隆寺や東大寺をはじめ、多くの寺々の古美術を見学して回ります。

最近は古美術ブームで、奈良にかぎらず、全国の古美術に関する美しい写真を収めた立派な本がたくさん出ています。しかし、はじめて古美術に接する人たちにとって、まず何を読んだらいいかと聞かれると、ちょっと返事に困ります。適当な入門書がないからです。とくに建築の場合、解説書は数多くあっても、あまり術語が多すぎて、とっつきにくいというのが現状でしょう。まず術語から勉強してかからないと、内容はとても理解できません。そのため、建築はわかりにくいと、みなさんからいわれます。

美という点では、建築も絵や彫刻と同じですけれども、建築は実用的なものですし、風や地震に耐え、長持ちしなければならないので、構造的な知識もないと理解できません。建築を形造っている各部材、各部分は、それぞれ構造的な役目をもち、意匠的な意味をもっています。それをまったく知らないで、建築のよさを知ろうとしても、それは無理というものです。したがって、ある程度の術語は使わないわけにはいきません。しかし、それにしても、従来の本はあまりにも術語が多すぎます。建築を造るためならいざ知らず、見るだけならそんなに多くの術語はいりません。それでこの本では、できるだけ術語は使わないように、必要最小限に止め、図を多く入れ、各部材が何のためにあるのかという説明を述べました。

建築を理解するためには、まず建築の基本的な構造をしっかり頭に入れておかなければなりません。それで個々の建物の説明をする前に、構造についてわかりやすく述べてあります。めんどうでも、このところはよく読んで十分理解しておいてください。しかし、一度で全部を覚えることはむつかしいでしょう。わからない術語が出てきたら、索引で探して、その意味を知ってください。索引にいくつもページがあげてあるときは、太目の活字で記してあるページにその説明がしてあります。

日本の建築はある一定の構造、ある一定の形のなかで発展してきました。昔の人たちは珍しい、突飛な形を造ることによって美を創造しようとしたのではなく、あるきまった型のなかで、その洗練さによって建物を美しくしようと努力してきたのです。同じょうな屋根をかけても、その傾斜、軒の出、軒の曲線によって美しくも醜くもなります。ですから、構造がわかり、昔の人の細部にたいする細やかな配慮がわかって、日本の建築の特質とその美しさがはじめて理解できるのです。そうした細部にふれないで述べると、荘重だとか、軽快だとか、優美だとかいう形容詞の羅列に終わるでしょう。もちろん、細部にとらわれて、全体を見なければなにもなりません。しかし、細部を離れて全体があるはずはありません。そうした点についても、できるだけの配慮はしたつもりです。

六世紀の終り、仏教建築が伝来するまでの日本の建築様式は、伊勢神宮や出雲大社に見られるようなものでした。柱は土中に掘っ立てたもので、床を高く張り、屋根は草ぶきで、木部は彩色をほどこさない白木のままでした。それが仏教建築では柱を礎石上に立て、柱上に組物《くみもの》をおき、軒は反《そ》り、屋根に瓦をふき、木部に彩色をほどこし、飾り金具を使った花やかなものとなりました。大陸建築の影響は八世紀までつづき、これがその後の日本建築の基本的な様式となりました。その後、一二世紀の終りから一三世紀にかけて、ふたたび中国の影響を受け、構造的な発展と、装飾的な発達とを示しましたが、その構造と形態の根本は八世紀以来の形をもちつづけました。

このように大陸の影響を受けて大変化を生じてはいますが、様式については日本人による取捨選択が行なわれ、日本的な好みも加わって、中国建築とはちがった、独特の様式を樹立しています。

日本の建築は以上のような歴史をもっていますので、それを知ろうとすれば、まずなにをおいても基本となる七、八世紀の古建築を見なければなりません。そして、それは奈良地方にだけ現存するのです。奈良地方の古建築は後々まで伝統的な保守的なものであったので、後世のものでも八世紀の様式を固く守っていますが、しかし、そのうちにも日本化のあとを見とることもできますし、また、一二世紀の終りに伝わった宋《そう》様式による変化を知ることもできます。しかし、一三世紀に伝わったもう一つの宋様式、禅宗建築の影響はほとんど見られませんので、中世以後の建築については、この本でえた知識をもとに、さらに進んで勉強していただきたいと思います。

この本は、以上のように、日本の伝統的な建築を理解してもらうための入門書ですが、これによって、建築に興味と関心をもつ人が少しでもふえることを願っています。一般の方々の建築にたいする関心と素養が高まらなければ、日本の建築、日本の都市は美しくなりません。奈良の古建築をいくつか説明しただけで、そんな希望をもつことは、あまりにも大それたことですけれども、私はそうしたひそかな期待をもって、この本を書きました。

目 次

Ⅰ　法　隆　寺

創立と再建の歴史

バスを降りて、松並木を通り、南大門をくぐると、ぱっと視界が開けます。広い白砂の道の左右に、子院の落ち着いた色の築地塀があり、正面の高いところに、二階建ての中門が建ち、右に金堂、左に五重塔のある聖域を、低い回廊で囲んでいます。数限りなくここを訪れた私ですが、この景観に接するたびに、いつも新鮮な緊張感を覚えます。

ゆっくり歩いて伽藍に近づく間に、まず法隆寺の歴史について説明しましょう。

法隆寺の創立については、金堂に安置してある薬師如来像の光背のうらにその由来が刻まれています。それには用明《ようめい》天皇が病気になられたとき、後の推古《すいこ》天皇と聖徳太子《しょうとくたいし》とを召して、病気平癒のため、寺を立て、薬師の像を造ろうと誓われましたけれども、その願いを果たさずなくなられたので、推古天皇と聖徳太子とがその遺願をついで、推古一五（六〇七）年に造立したと記してあります。

法隆寺のあるところは斑鳩《いかるが》と呼ばれています。ここは、聖徳太子の宮のあったところです。太子は推古九年、ここに宮を建てはじめ、同一三年から、なくなられる同三〇年まで、斑鳩宮に住まわれました。この宮は、いま夢殿《ゆめどの》などが建っている法隆寺東院のところにあり、太子は宮のすぐ西に隣接して寺を建てられたのです。そしてこの寺は地名により斑鳩寺《いかるがでら》と呼ばれました。これを中国風の名称としたのが法隆寺です。

斑鳩宮は、皇極《こうぎょく》二（六四三）年蘇我入鹿《そがのいるか》が太子の子山背大兄王《やましろのおおえのおう》を襲ったとき焼失しましたが、寺の方は無事でした。しかし、天智《てんぢ》九（六七〇）年に全焼するという災害にあいました。『日本書紀』に「大雨《ひさめ》ふり、雷《いかずち》なる」とありますから、きっと落雷にあって焼けたのでしょう。

その後、再建されたのが、図5に見る法隆寺伽藍です。再建の年代ははっきりしませんが、和銅《わどう》四（七一一）年には五重塔の塑像と中門の二王を造っていますので、建物はそれ以前にできていたはずで、持統《じとう》天皇のとき（六八六—六九七）にはできていたと考えられます。もっとも、このときに完成したのは金堂・五重塔・中門・回廊だけで、経楼《きょうろう》などは様式からみて、八世紀に入ってから建立されたと思われます。

創建の法隆寺は、現在、金堂などがあるところより東南方で、今も塔の礎石が残っている若草伽藍《わかくさがらん》跡《あと》と呼ばれるところにありました。ここには塔の心礎が残っているだけでなく、金堂と塔の基壇の跡が発見されており、またここからは法隆寺が創建されたときのものと思われる七世紀初めの瓦がたくさん出土しています。

法隆寺が天智九年に焼けたことについて、有名な法隆寺再建非再建の論争があり、半世紀にわたって議論されてきましたが、これについては、また後で述べましょう。

法隆寺は天智九年の火災のあと、すぐ再建にかかり、八世紀の初めまでに完成したのですが、これにひきつづき、天平《てんぴょう》一一（七三九）年には僧行信《ぎょうしん》が、斑鳩宮が皇極二年に焼けたままになっているのを嘆いて、その跡に夢殿を中心とする伽藍を建立しました。これを法隆寺の東院といい、今日では本来の法隆寺の方を西院《さいいん》と呼んでいます。

その後、法隆寺は延長《えんちょう》三（九二五）年に講堂が焼けただけで、無事今日に伝わっています。建立後、一三〇〇年近くたっていますので、修理はたびたびありました。そのなかでも鎌倉時代と桃山時代の修理が、大きなものでした。鎌倉時代は建立後五〇〇年になりますので、全体的に各建物はかなり傷んでいました。鎌倉時代は南都《なんと》仏教再興の時にあたり、法隆寺ばかりでなく、南都の各寺々の修理再建が行なわれた時代でした。法隆寺では東院の舎利殿絵殿《しゃりでんえでん》が旧材を使って承久《じょうきゅう》元（一二一九）年に拡張再建され、夢殿が寛喜《かんぎ》二（一二三〇）年に再建に近い改造をうけ、西円堂《さいえんどう》・聖霊《しょうりょう》院《いん》・三経院《さんぎょういん》・東院礼堂《らいどう》・同鐘楼《しょうろう》が再建され、その他の建物もすべて修理をうけています。したがって、法隆寺の建築は鎌倉時代に面目を一新したといってもいいでしょう。

慶長五―一一（一六〇〇―〇六）年の修理は各堂すべてにわたってはいますが、新築・改築などのことはなく、部材の取替えなどはかなりありますが、基本的な改造が行なわれたところはありません。

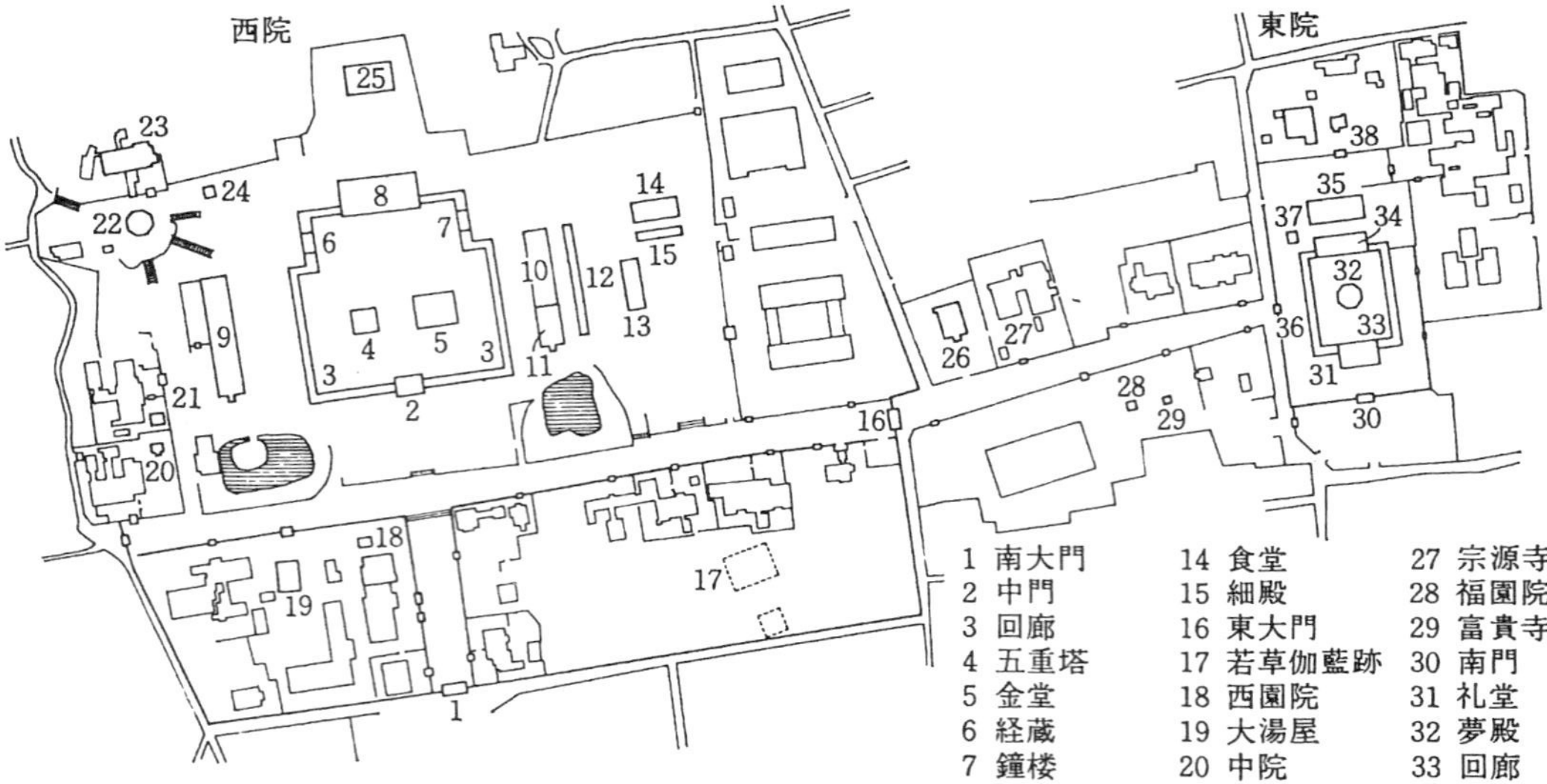

1 南大門	14 食堂	27 宗源寺
2 中門	15 細殿	28 福園院
3 回廊	16 東大門	29 富貴寺羅漢堂
4 五重塔	17 若草伽藍跡	30 南門
5 金堂	18 西園院	31 礼堂
6 経蔵	19 大湯屋	32 夢殿
7 鐘楼	20 中院	33 回廊
8 大講堂	21 宝珠院	34 絵殿舎利殿
9 西室三経院	22 西円堂	35 伝法堂
10 東室	23 薬師坊	36 西門
11 聖霊院	24 地蔵堂	37 鐘楼
12 妻室	25 上御堂	38 北室院
13 綱封蔵	26 律学院	

図1　法隆寺の建物配置（現状）

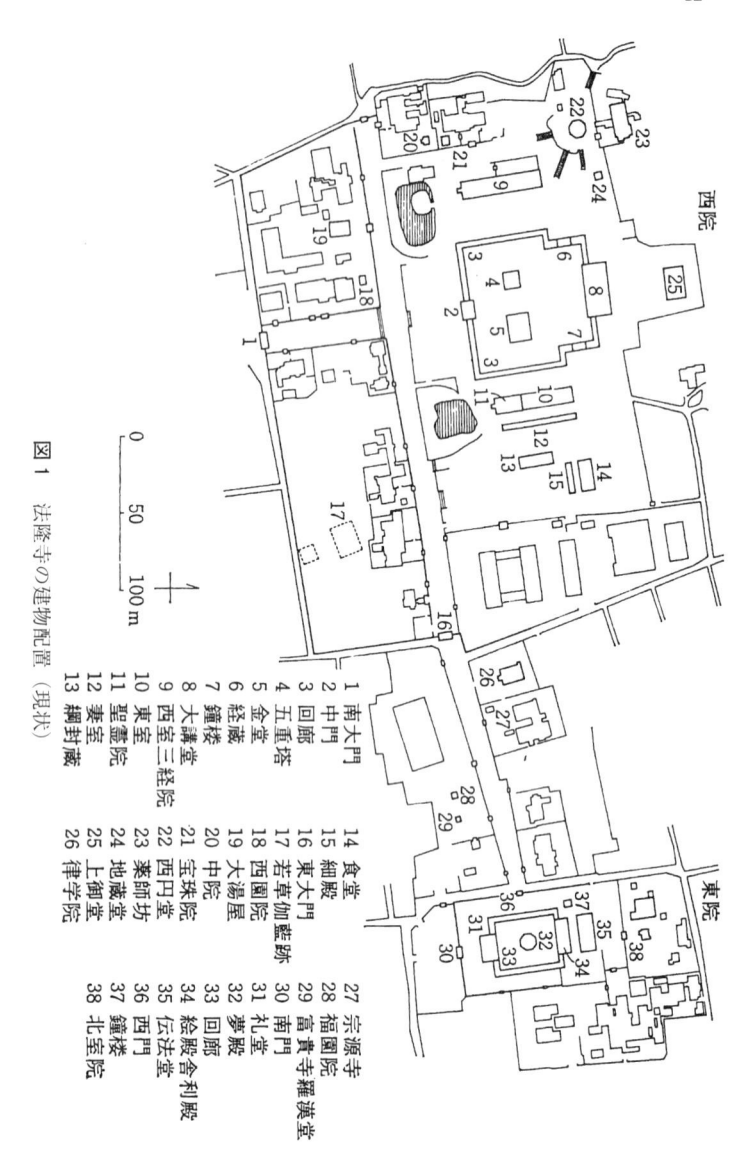

またその後、江戸時代元禄《げんろく》三―宝永《ほうえい》四（一六九〇―一七〇七）年にも修理がありましたが、これはまったくの維持修理に止まっています。

昭和九年から戦後にかけて行なわれた法隆寺昭和修理は、すべての建物の解体修理を行なったもので、創建以来の大修理といえます。この間、金堂壁画の焼失という不幸な事件がありましたけれども、解体による古建築技法の研究がいちじるしく進み、これによって各建物は当初の姿に復原されました。昭和修理による古建築技法研究の発展は、たんなる学問的業績だけでなく、古建築修理事業に画期的発展をもたらしました。

七堂伽藍

奈良七重《ななえ》七堂《しちどう》伽藍《がらん》八重《やえ》ざくら

という句をみなさん聞いたことがあるでしょう。これは興福寺の堂塔が並び建ったさまを歌ったものです。いま私たちは法隆寺の堂塔の前に立っています。この堂や塔を総称して七堂伽藍というのです。伽藍というのは梵語《ぼんご》でサンガラマといい、「僧伽藍摩」という漢字をあてたのを略して伽藍といったのです。

七堂というのは七つの重要な建物という意味です。七つという数にそうこだわらなくてもいいよう

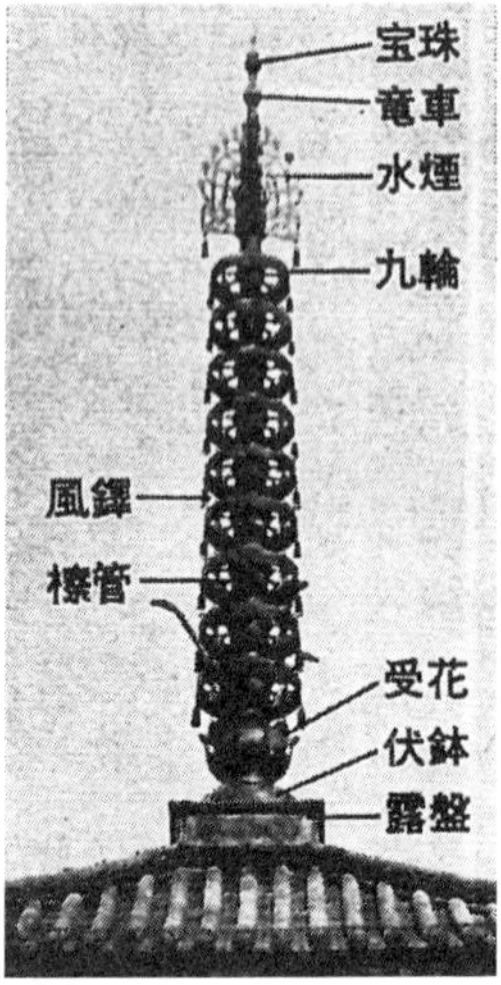

五重塔相輪

ですが、奈良の寺々では、これに塔・金堂・講堂・僧房《そうぼう》・経蔵《きょうぞう》・鐘楼《しょうろう》・食堂《じきどう》をあてています。

　塔というのは、お釈迦《しゃか》さんの墓、ストゥーパの音をとって、卒塔婆《そとば》とし、塔婆《とうば》—塔と略されたものです。インドのストゥーパは有名なサーンチーのストゥーパのように、基壇の上に半円球状に土を盛り、中央に蓋《きぬがさ》を立てたものでした。釈迦の骨を埋め、上に土盛りをし、貴人の象徴である蓋を立てたものです。これが西域《せいいき》を通り、中国に伝わったとき、中国風の楼閣《ろうかく》を利用し、上にストゥーパをおいたものになり、日本には中国の塔婆の形がそのまま伝わりました。もっとも、建物の上にストゥーパをのせたのは、中国に伝わる以前、インド周辺ですでにあったかもしれません。しかし、日本に伝わった塔婆の形は明らかに中国のものです。

　五重塔の上の方を見ましょう。五重の屋根の上に、四角な台があります。これを露盤《ろばん》といい、インドのストゥーパの基壇に当たるものです。その上の半球形が伏鉢《ふくばち》で、ストゥーパの土饅頭《どまんじゅう》に当たります。その上が花形の飾りの受花《うけばな》で、その上に九つの輪が重なっています。ふつう、日本では九つあるので、九輪《くりん》と呼んでいます。九輪の上、四方に開いているのが水煙《すいえん》で、本来は火炎なのですが、火を嫌う意味で水という字を使っているのです。その上の丸い球《たま》の下の方が竜車《りゅうしゃ》、上の方が宝珠《ほうじゅ》で、露盤から上、全体をひっくるめて相輪《そうりん》と呼んでいます。古くはこの全体を露盤と呼んでいました。この相輪の各部材は下から突き出た心柱《しんばしら》を心《しん》にして順番に重ねられたものです。要するに、相輪はストゥーパが形を整えて造られたもので、これが本来のストゥーパだといってもいいでしょう。

金堂《こんどう》は本尊をおまつりする堂で、仏殿ともいい、中国では仏殿とだけいって、金堂といいません。金堂というのは、奈良・平安時代の文献に仏を「金人」といっていますので、仏すなわち金人をまつる堂だから金堂といったのだと私は思います。

仏像は仏教の初めからあったものではありません。初めは塔婆だけがあり、それを囲んで僧の住む僧院があるだけでした。しかし、一、二世紀のころから仏像が造られるようになり、それにともなって仏像をまつる堂も建てられるようになったのです。もちろん、中国に仏教が伝わったときには、すでに仏像があり、中国では当時の宮殿や官庁の建築様式を使って寺院を建てました。ですから、日本に伝わった金堂や塔の建築様式は、中国の建築様式が朝鮮を経てわが国に伝えられたものなのです。

講堂は講法堂ともいい、仏法を講ずるための建物です。今日の学校の講堂と同じょうなものと考えてくださって結構です。そこには寺のお坊さんが多勢集まりますので、金堂よりも広く造ってあります。

経蔵《きょうぞう》（経楼《きょうろう》）は名のように、お経をしまっておく建物で、図書館というより、書庫といった方がいいでしょう。鐘楼《しょうろう》には、寺内の人たちに時刻をしらせるための鐘が釣ってあります。経蔵と鐘楼とは、二重（二階建て）の同じ大きさの建物として建てられるきまりでした。二重の建物なので楼と呼んでいます。

僧房《そうぼう》はお坊さんたちの住むところで、今でいえば、寄宿舎がこれに当たります。寺には多勢の坊さんたちが住んでいました。奈良時代の法隆寺では二六三人、奈良の大安寺《だいあんじ》では八八七人と記されています。僧房は細長い建物で、数棟あり、中を仕切って共同生活をしていました。そのようすは、あとでくわしく述べましょう。講堂を三方から囲んで造られることが多いので、三面僧房といい、東・西・北の方角を冠して東室《ひがしむろ》・西室《にしむろ》・北室《きたむろ》と呼んでいます。

食堂《じきどう》というのは、いまの食堂と同じで、坊さんが食事をする建物です。学校の食堂とちがうのは、勝手に、ばらばらに食べることはできず、全員いっしょに、一度にそろって食べるのです。その食事の仕方も、きちんと作法がきめられていて、これも修行のうちの一つでした。全員の坊さんが一度に食事をするので、講堂と同じか、むしろ大きく造られていました。

七堂はこれで終りですが、塔や金堂は神聖な場所ですから、これをとりまいて回廊がありました。回廊で囲めば、当然入口が必要です。それは回廊に扉をつけただけでもすみますが、それではあまり簡単すぎるので、南の正面には立派な門を建てました。これが中門《ちゅうもん》です。中門の名の起りはよくわかりませんが、南大門の中にある門というほどの意味でしょうか。

これらの七堂の配置や回廊のまわし方にはいろいろな種類があり、これを伽藍配置と呼んでいます。

これについては次節で述べましょう。

古代寺院の建物の配置

法隆寺では塔と金堂とが左右に並んでいます。しかし、このような配置の仕方は一般的なものではありません。南北の中心線上、あるいはこの中心線の左右に対称的に建物を配置するのが原則です。日本でいちばん古い寺は、崇峻《すしゅん》元（五八八）年飛鳥《あすか》の地に蘇我《そが》氏によって創立された飛鳥寺《あすかでら》です。今は飛鳥大仏と呼ばれる丈六《じょうろく》の釈迦《しゃか》像が、傷んだままの姿で仮堂《かりどう》とでもいうべき粗末なお堂のなかに安置され、昔の壮観はまったくみることはできません。しかし、戦後の発掘調査によって、その伽藍《がらん》配置は明らかになっています。

飛鳥寺は南を正面とし、南大門を入ると、すぐ中門と回廊があり、そのなかに塔を中心として三つの金堂が立ち、回廊は塔と三金堂を囲んで、北で閉じています。講堂は回廊の外にありますが、僧房その他がどんな形であったのかは、まだ発掘されていないのでわかりません。

これは整然とした左右対称の配置です。飛鳥寺造立に当たっては、百済《くだら》から寺工《じこう》・瓦工《かわらこう》・露盤工《ろばんこう》などが来朝しています。寺工は木工、露盤工は金工の工人たちでしょう。このとき、金堂の本様《ためし》（模型または設計図）ももってきたといいますし、着工の日、官人たちは百済の服を着て参列したとも伝え

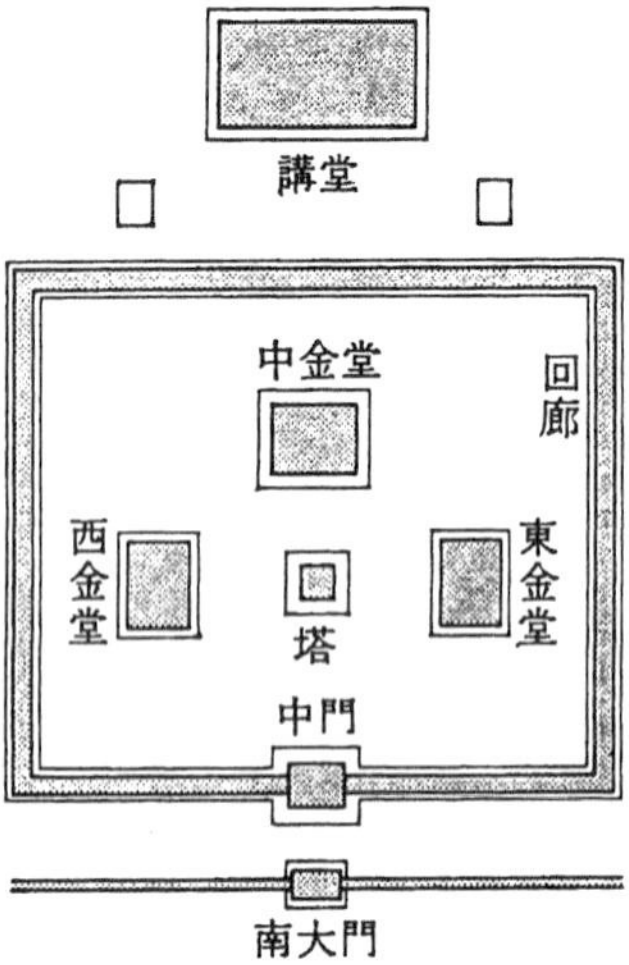

図2　飛鳥寺伽藍配置

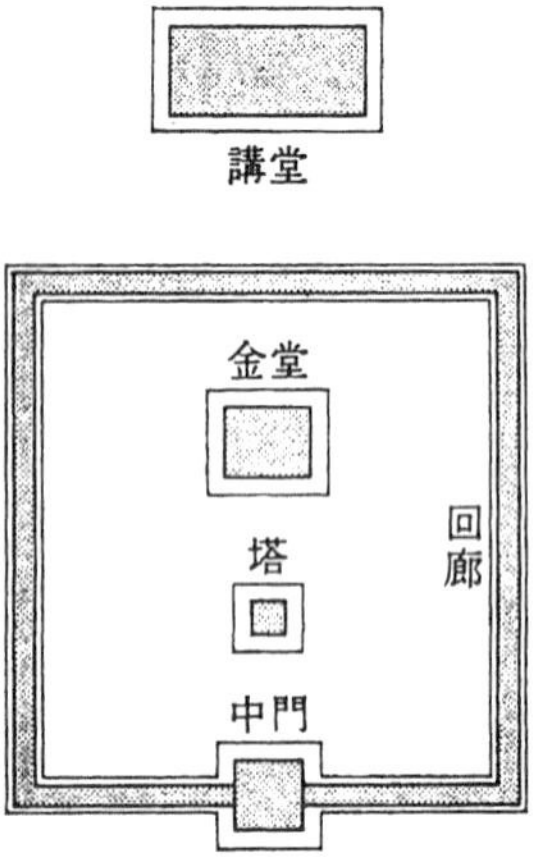

図3　山田寺伽藍配置

ていますので、百済の寺を手本として造立が企てられたことと思われます。ただ、百済には飛鳥寺と同じ配置をとる寺院跡はまだ発掘されていませんし、北の高句麗《こうくり》に、似た配置のものがありますので、高句麗の影響を考える人もいます。

　飛鳥寺についで創立された法隆寺は、若草伽藍跡と呼ばれるところにあったと推定されています。これは塔と金堂跡しかわかっていませんが、塔が南に、金堂が北にあります。また同じころ創立された大阪の四天王寺《してんのうじ》や、舒明《じょめい》一三（六四一）年金堂が建てられた飛鳥の山田寺《やまだでら》などは図3のような配置で、完全な左右対称形です。

　これにたいし、現在の法隆寺は左右対称形を破っています。塔と金堂を南北に並べるのも、東西に並べるのも、たいしたことではないと思われるかもしれません。しかし、寺院を設計する側から

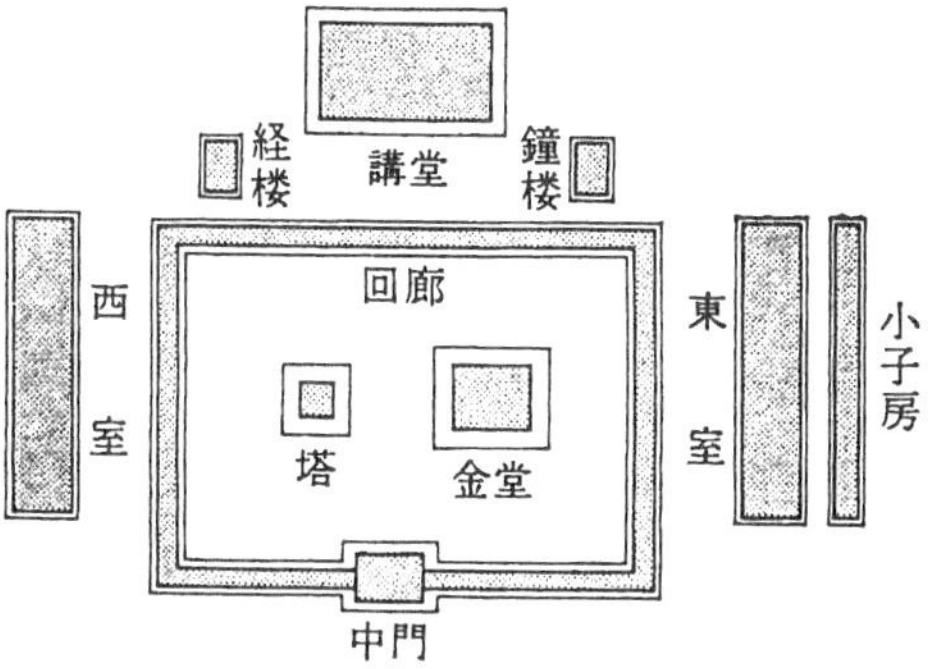

図5　法隆寺伽藍配置

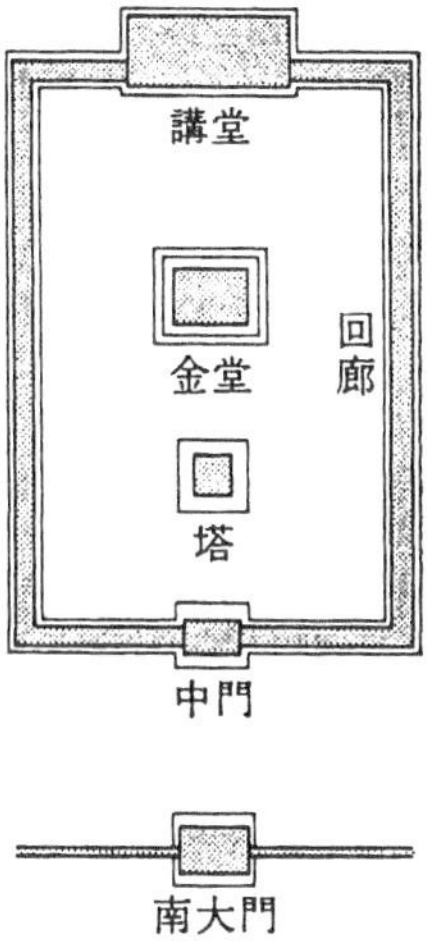

図4　四天王寺伽藍配置

いうと、それはたいへんな違いなのです。縦に並べてあるときは、うしろの建物は前の建物に隠れて、その全体の姿は見えません。しかし、左右に並べてあれば、正面からみて、中門の左右に両方の建物がいっぺんにみえます。縦に配置されているときは、中門を入り、塔の脇を通って、だんだん奥へ進んでいくにしたがい、景観はしだいに変化します。しかし、左右に並置した場合には、ひと目で見えるという利点があると同時に、歩くにしたがって起こる景観の変化は見られません。

　中国では寺も、宮殿も、住宅も、建物はすべて左右対称に配置されています。ところが日本では、初めは左右対称形であったものが、しだいに自由な配置をとるようになります。天皇の住居である内裏《だいり》でもそうですし、平安時代の貴族住宅である寝《しん》殿造《でんづくり》でもそうです。

　平安宮の内裏では紫宸殿《ししんでん》の斜め前方にある宜陽殿《ぎようでん》と春興殿《しゅんこうでん》、

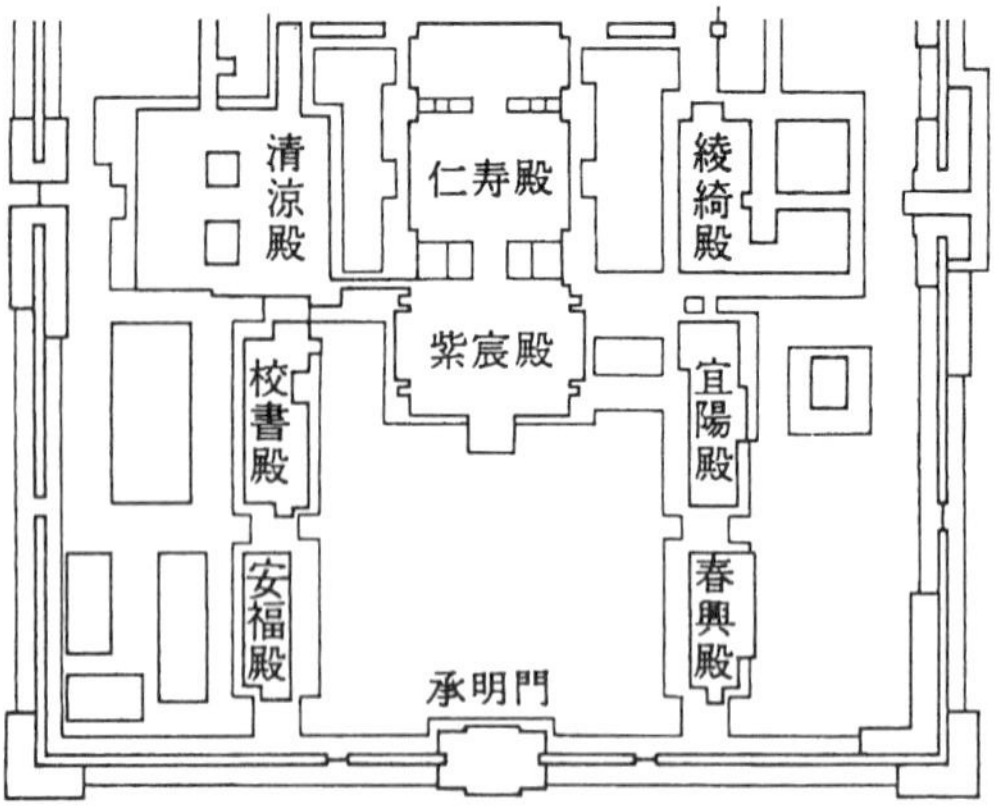

図６　平安宮内裏配置

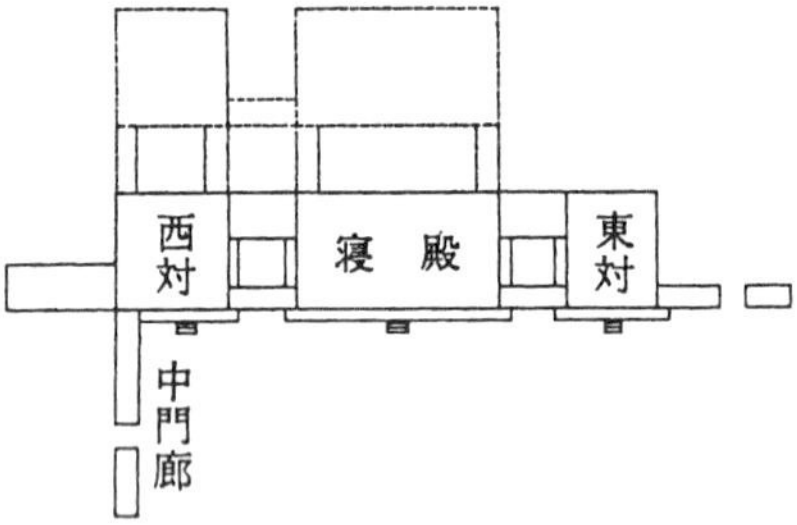

図７　寝殿造配置

校書殿《きょうしょでん》と安福殿《あんぷくでん》はすべて内方を正面として求心的な配置になっています。ところが寝殿造では同じような建物の配置ながら、東対《ひがしのたい》と西対《にしのたい》は南を正面としています。法隆寺の回廊の東西にあった東室《ひがしむろ》と西室《にしむろ》は、いずれも回廊に向かった方が正面だったのです。ところが東室と西室の南半を改造した聖霊院《しょうりょういん》と三経院《さんぎょういん》は、寝殿造の東対、西対と同じように、南を正面としています。このような配置法は、中国風の奥深い配置にたいして、羅列的な、パノラマ的な配置といってよいでしょう。そしてそれは、伽藍意匠の一つの日本化を示すものだと私は考えています。

法隆寺の回廊は現在、塔と金堂とをかこんで、後方は凸字形になり、講堂につながっています（図

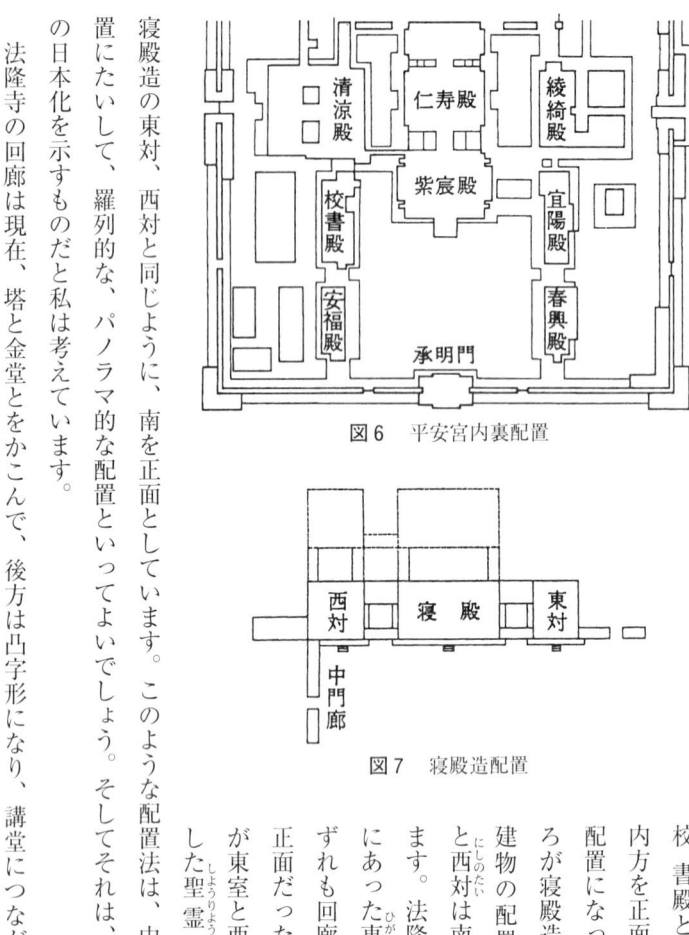

1）。この凸字形になった部分には当初の部材がなく、また講堂の前方に回廊の雨落溝《あまおちみぞ》の跡と思われるものが発見されましたので、回廊は図5のように復原され、講堂はその外にあります。この点は飛鳥寺でも、山田寺でもそうです。

塔と金堂とは「仏」のためのもので、その建っている一郭は神聖な場所として区画されていたのだと思われます。講堂は「僧」のための建築ですから、塔・金堂とは本質的にちがうのです。従来はこうした点に、あまり注目していませんでしたが、伽藍配置として回廊が講堂を外に出してうしろで閉じているのが、いちばん古い型だと思われます。回廊が講堂に達せず、金堂と塔のうしろで閉じていたと考えられるものに、飛鳥寺、山田寺のほか、法隆寺の近くの法輪寺《ほうりんじ》があり、また飛鳥にある橘寺《たちばなでら》もその可能性があります。したがって、塔と金堂を左右に並置していても、講堂に回廊がつながる陸奥《むつ》の多賀城廃寺《たがじょうはいじ》、相模《さがみ》の国分寺《こくぶんじ》、筑紫《つくし》の観世音寺《かんぜおんじ》などは新しい形式といっていいでしょう。

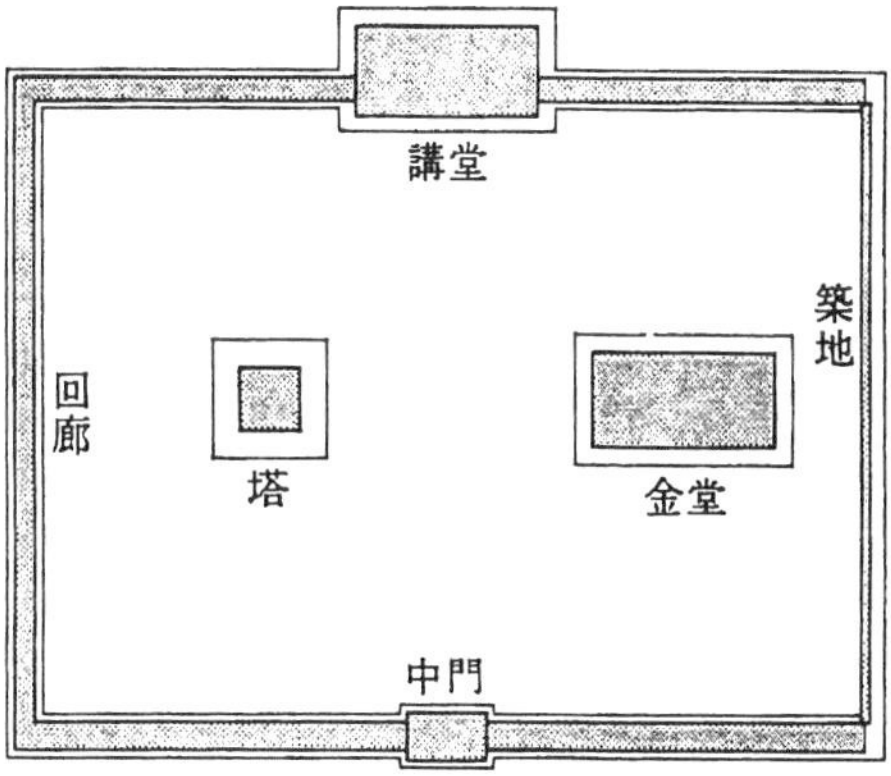

図8　相模国分寺伽藍配置

伽藍配置形式の新古は、原則として年代と対応し、その伽藍の年代を決める重要な要素です。しかし飛鳥・奈良時代の伽藍跡の発掘結果をみますと、いろいろ変わったものがあります。これは中国や朝鮮から各種の伽藍配置が同時に伝えられたためと思われますので、配置形式だけでその伽藍の年代を決定することは困難だと考えられます。

古代建築の構造

塔や金堂を見るまえに、古代建築の構造の基本的なことを少し説明しておきましょう。これを知らないと、後でいちいち術語の説明をしなければなりませんので、初めにごく大体のことを知っておいてもらいたいのです。くわしいことはそれぞれのところでまた述べるつもりです。例として構造の簡単な回廊をとりあげ、建物を建てる順序にしたがって説明していきます。

基壇と軸部 建物を建てるときには、まず基壇を築きます。雨が降ったとき、雨水が建物の内部に入るのを防ぎ、また建物を立派に見せるためです。回廊は内から見ると、そう高くなっていませんが、中門の前に立ってみると、かなり高くなっているのがわかります。基壇は土を積んだだけでは崩れますので、まわりに石を積んでそれを防ぎます。金堂や塔などは壇が二重で、一・五メートルもの高さになっています。これは水はけだけの問題でなく、外観を堂々と見せるためのものです。基壇は土を積んだだけでは、建物の重さで、柱の下の礎石がしだいに沈んでいきますので、粘土・砂・砂利などをまぜた土を一〇センチくらいずつ積み、それをつき固めて築いていきます。不揃《ふぞろ》いに沈下するのを防ぐためのものですから、回廊のような軽い建物の基壇では省略することもありますが、金堂や塔などの基壇はみなこの方法で築いています。この工法は版築《はんちく》と呼ばれるもので、中国から伝わったものですが、奈良時代までで、その後はあまり使われなくなりました。

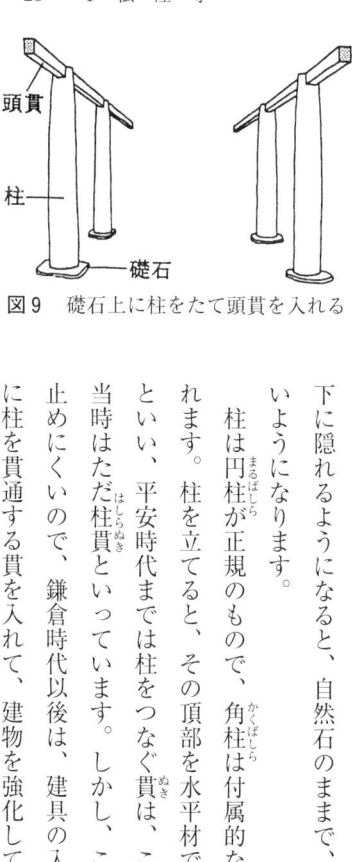

基壇を築いたら、柱が立つところに大きな石をおきます。これを礎石といって、柱の根元が腐《くさ》るのを防ぎ、また上の荷重《かじゅう》によって、柱の下が土のなかに沈下するのを止めるためのものです。礎石は上に柱を立てるので、上面を平らにし、土間上に出る部分は四角や円に突出させた柱座《ちゅうざ》を造り出すのがふつうです。しかし、平安時代以後、板敷の床《ゆか》が張られて、礎石が床下に隠れるようになると、自然石のままで、上面になんの工作もしないようになります。

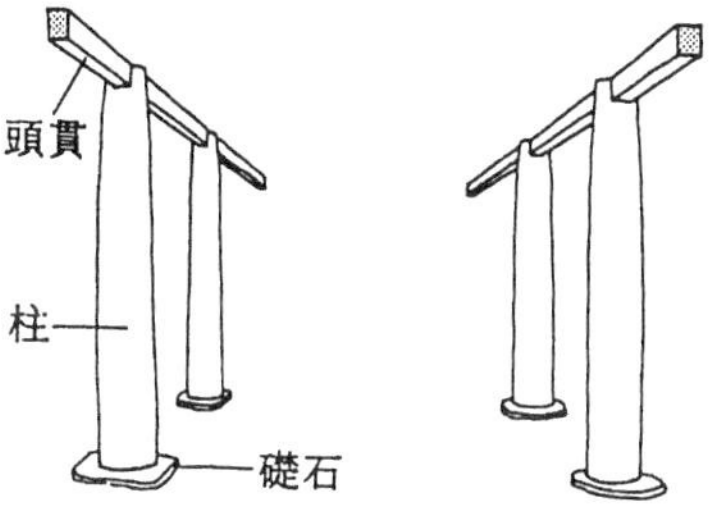

図9　礎石上に柱をたて頭貫を入れる

柱は円柱《まるばしら》が正規のもので、角柱《かくばしら》は付属的な、従属的なところに使われます。柱を立てると、その頂部を水平材でつなぎます。これを頭貫《かしらぬき》といい、平安時代までは柱をつなぐ貫《ぬき》は、この頭貫だけだったので、当時はただ柱貫《はしらぬき》といっています。しかし、これだけでは左右の振れを止めにくいので、鎌倉時代以後は、建具の入るところの上、床下などに柱を貫通する貫を入れて、建物を強化しています。この柱と貫で構

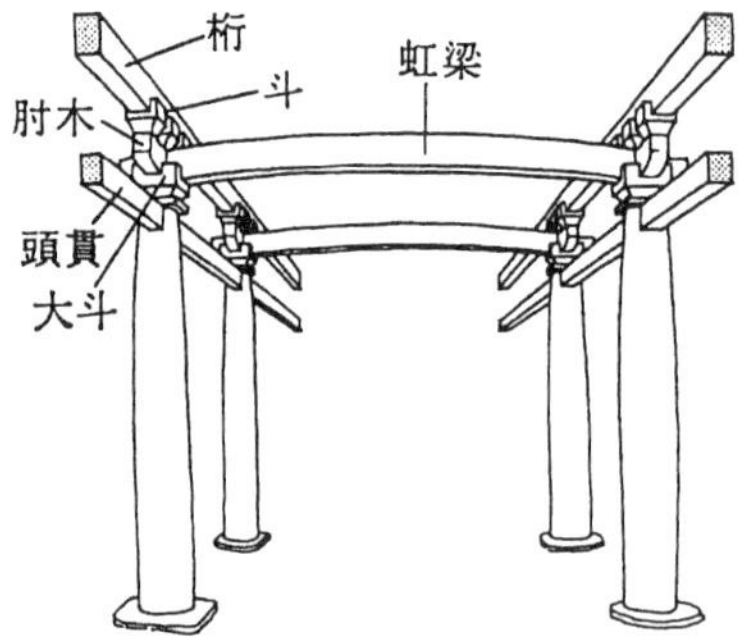

図10　組物をのせる

成された部分を軸部《じくぶ》といっています。

組　物　柱の上には四角な材がのっています。その上に少し長い材があり、三個の四角な材があります。四角なのを斗《ます》といい、長いのを肘木《ひじき》といいます。斗のうち、柱の上にすぐのるのは大きいので大斗《だいと》といい、大斗以外の小さいのは巻斗《まきと》（または斗《ます》）と呼び、三つ並んでいるのを下の肘木とともに三斗組《みつとぐみ》、略して三斗《みつと》といいます。これは、その上にのる水平材、桁《けた》の支点間の距離を少しでも短くするために、柱の左右に出ているのです。

この斗と肘木の組合せを組物《くみもの》・斗栱《ときょう》・枡組《ますぐみ》などといいます。栱《きょう》とは肘木のことです。組物は寺院建築にかならずといっていいくらい使い、斗と肘木を交互に積み重ねて、もっと複雑なものも多く造られます。また、回廊では柱から軒先の方には出ていませんが、深い軒の出を支えるため、何段にも前方に出して造ります。組物は寺院建築の大きな特徴の一つで、構造的にも意匠的にも大切なものですから、薬師寺東塔《やくしじとうとう》・唐招提寺金堂《とうしょうだいじこんどう》などで、またくわしく説明しましょう。

小屋組（架構）　柱の頂部は回廊の長手《ながて》方向には頭貫でつながれていますが、内と外の方向にはつないでありません。そこで内外の柱の組物間に水平材を入れてつなぎます。これを梁《はり》といい、ふつう

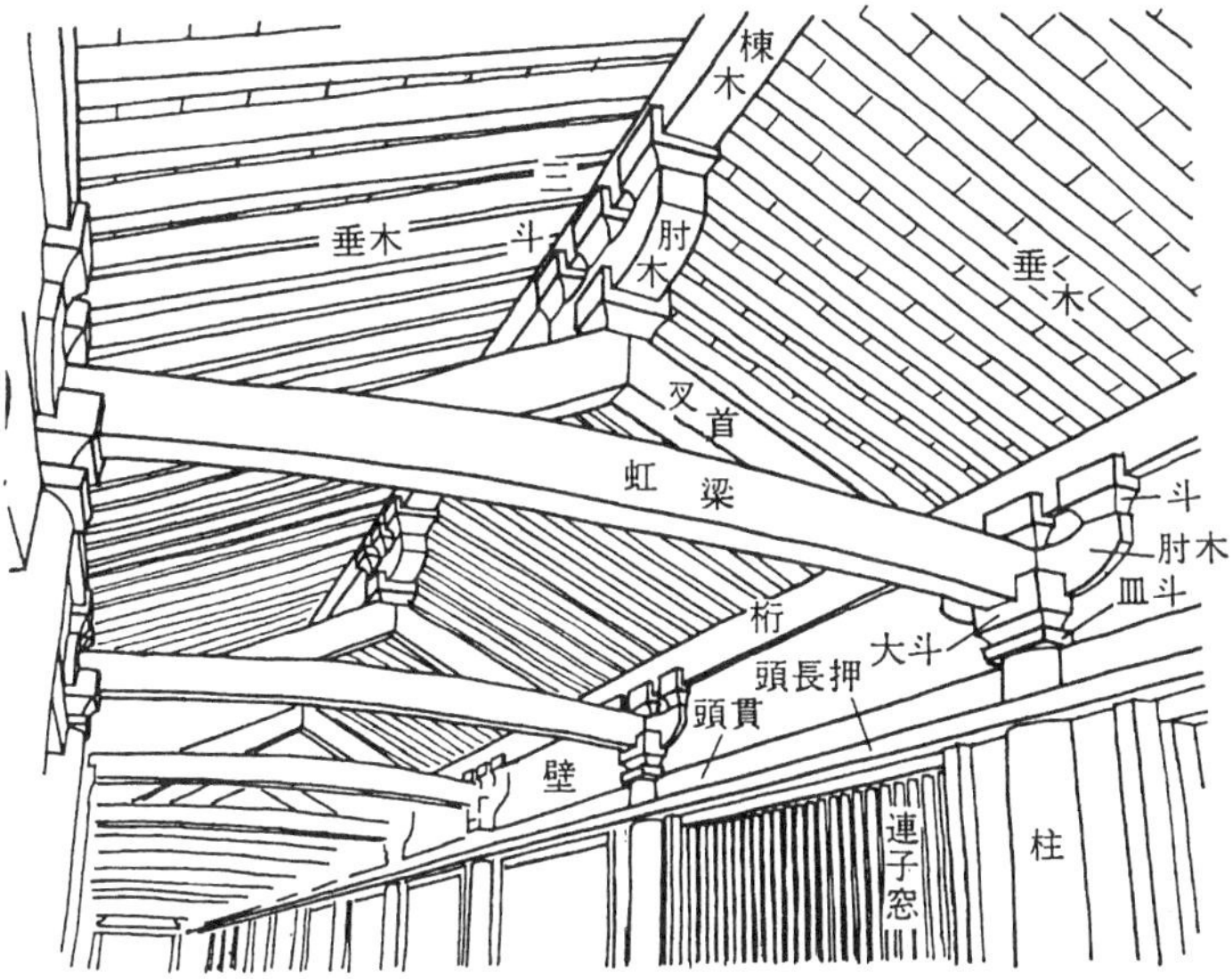

図11　梁，叉首，棟木，垂木をのせる

は反《そ》っているので、虹梁《こうりょう》といいます。真直ぐだと中央が垂れて見えるので、反らしてあるのです。梁は内外の柱上をつなぐためでもありますが、主たる目的は、中間の柱を省き、梁の上に材をおいて、棟木《むなぎ》を支えるためのものです。

建物は屋根をかけて雨が入らないようにしなければなりません。雨を防ぐためには、防水的な面を上に造る必要があります。雨は低い方に流れますから、斜めの面にすればいちばん好都合です。それで、屋根の中央に水平材の棟木をおき、これから柱上の桁《けた》にかけて材を渡し、上に板を張れば、雨を防げます。この棟木から桁にわたす斜めの材が垂木《たるき》です。こうした構造にするためには高いところに棟木をおく必要があり、棟木を支えるための構造が必要です。ふつうの住宅では梁の上に垂直の束《つか》を立てて棟木を支えていますが、法隆寺の回廊では二本の斜めの材を組み合わせ、上に斗《ます》と肘木《ひじき》と三つの斗をのせて棟木を支えています。この斜めの材を叉首《さす》または合掌《がっしょう》といいます。叉は手を組んだ形であり、合掌は神仏を拝《おが》むとき手を合わせた形で、手を組み、あるいは手を合わせた形から出た言葉です。

虹梁から上の、棟木を支える構造を小屋組《こやぐみ》または架構《かこう》といいます。お堂では天井を張りますので、この部分は見えなくなることが多く、部材も表面仕上げをしないで組まれます。

屋根　垂木の上に板を並べて、板の合わせ目の上にまた板をのせただけでも雨は防げますが、木材は濡《ぬ》れると腐《くさ》りやすいので、上に土を焼いて作った瓦をのせます。

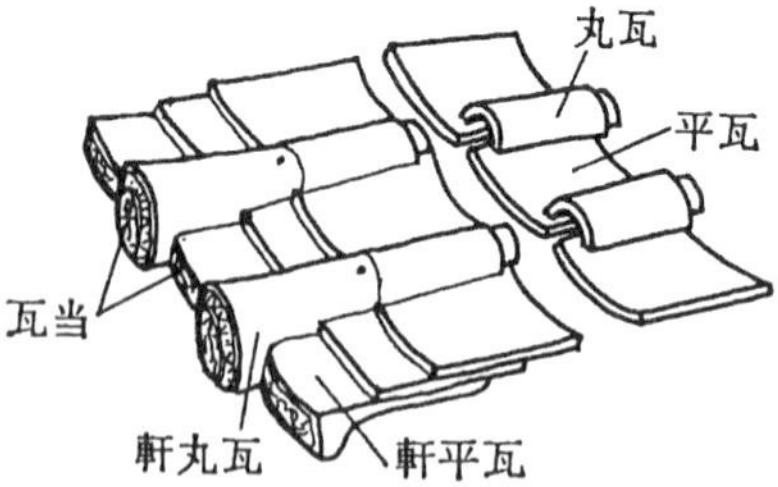

図12　本瓦葺

寺院建築の瓦は平らな平瓦《ひらがわら》をならべ、合わせ目に半円筒形の丸瓦《まるがわら》をおいたもので、本瓦葺《ほんがわらぶき》といい、下の板の上にのってがたがたしないように、土をおいてあります。平瓦は重ねあわせ目から水が漏《も》らないように三分の二ずつ重なっています。ですから、どの点をとってみても瓦は三枚重ねになっているわけです。この平瓦の左右は重ねられないので、半円筒形の丸瓦を平瓦のあわせ目に伏せて水が入らないようにします。このようなふき方なので、屋根の瓦の重さは非常に大きなものになります。それを軽くしようと工夫して江戸時代にできたのが、今の桟瓦《さんがわら》で、これは一枚で丸瓦と平瓦をかね、平瓦の重なりもごくわずかになっています。

軒先のところは丸瓦・平瓦とも木口《こぐち》がみえますので、ここには飾りをつけます。したがって、軒先の瓦はふつうの瓦とはちがい、先に文様《もんよう》のついた瓦の板がつきます。この軒先の瓦を軒平瓦《のきひらがわら》、軒丸瓦《のきまるがわら》といい、昔はこれを宇瓦《のきがわら》、鐙瓦《あぶみがわら》といっていましたが、誤用されたときもあり、また字もむつかしいので、軒平瓦、軒丸瓦を使っています。文様のついた部分を瓦当《がとう》といいます。

屋根は中国系建築の大きな特色の一つで、その形は四つあります。

いちばん簡単なのは本をなかば開いて伏せた形の切妻造《きりづまづくり》。鐘楼や経楼の屋根がそれです。妻とは端の意で、切妻は両端を切っているので、その名があります。この両端に打ってある、山形の二枚の板を破風板《けふいた》または破風と呼んでいます。

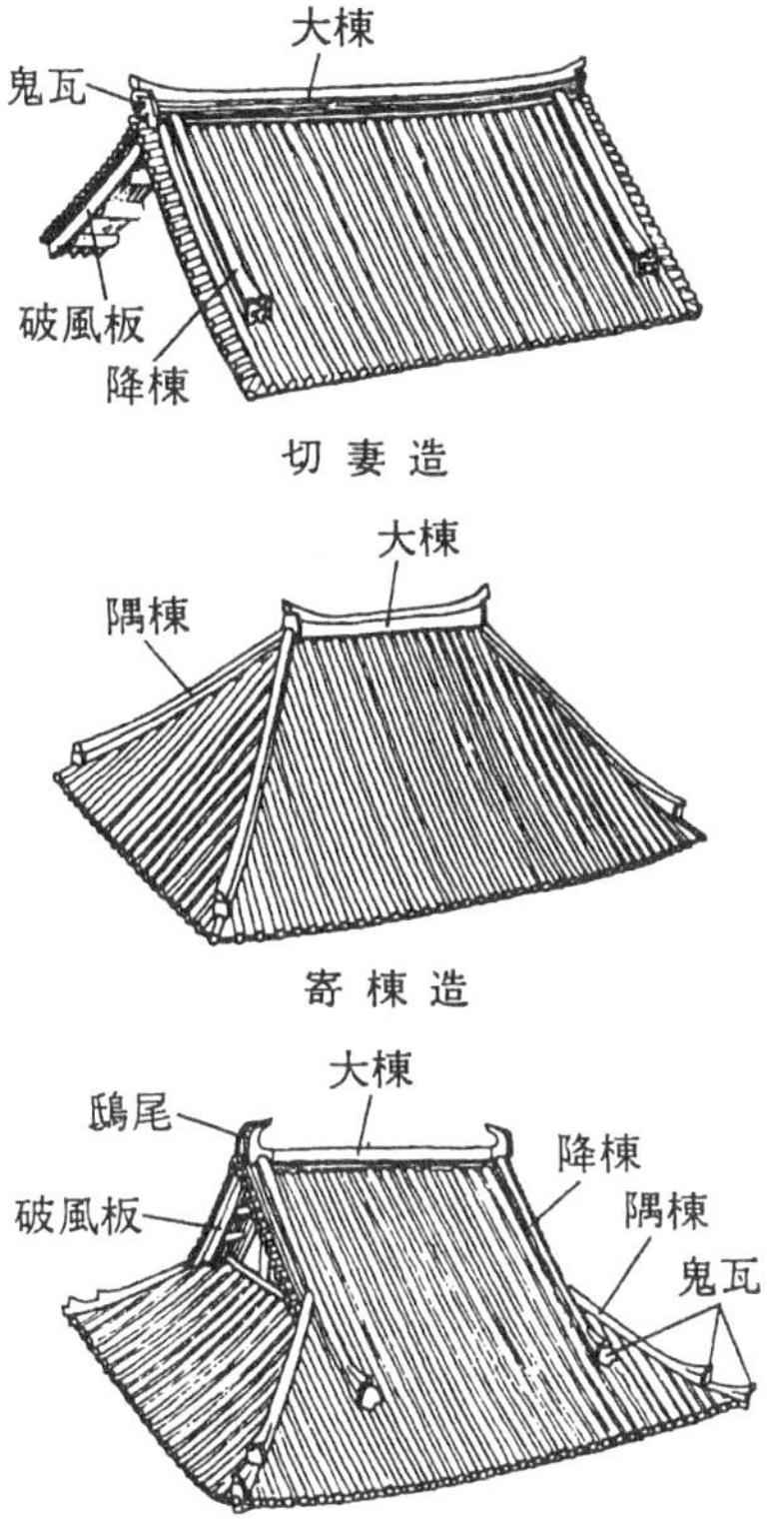

図13　屋根の形

一番目は寄棟造《よせむねづくり》です。雨が四方に流れ

ますので、四注造《しちゅうづくり》ともいいます。屋根面が四つからなるもので、法隆寺では綱封蔵《こうふうぞう》にみられます。三番目は正方形平面の建物に使われるもので、四つの屋根面が頂点の一カ所に集まったもの、したがって寄棟造の一種ともみられますが、これを宝形造《ほうぎようづくり》といいます。六角形や八角形平面のときも、屋根面は六つあるいは八つになりますが、基本的には同形といっていいでしょう。これらは屋根のいちばん上に露盤をおき、宝珠をのせるのがふつうで、この露盤・宝珠を古くは宝形《ほうぎよう》といったので、宝形をのせた屋根という意味で宝形造というのです。これは夢殿の屋根がそうですから、みなさんよく知っている形です。

四番目は法隆寺の金堂・講堂・中門などに見られるもので、入母屋造《いりもやづくり》です。寄棟造の上に切妻造を重ねた形だといわれますが、発生的にみますと、切妻造の四方に庇屋根《ひさしやね》をつけたものといった方がいいでしょう。

法隆寺では金堂・講堂・中門が入母屋造、鐘楼・経楼が切妻造で、入母屋造や寄棟造の方が上等な建物に、切妻造はそれより程度の低い建物に使われました。奈良時代には切妻造を真屋《まや》、寄棟造を東屋《あずまや》（四阿・阿舎、ともにあずまや）といっています。入母屋造も東屋のうちにふくまれていたと思われますが確証はありません。

屋根面が二つぶつかるところは、丸瓦を伏せるだけでなく、平瓦の半分のものを何枚か積み、上に丸瓦をおきます。これを棟《むね》といい、一番上の平らなのを大棟《おおむね》、屋根の隅に向かうのを隅棟《すみむね》、切妻破風《きりづまはふ》に近く、大棟から下に降るのを降棟《くだりむね》といい、棟の端には鬼瓦《おにがわら》をおいて棟の断面を隠し、また飾りとします。大棟の両端では鴟尾《しび》をおくものもあります。鴟尾の語源は明らかでありませんが、後には火を嫌う意味で魚の形が使われました。お城の鯱《しゃち》がそれです。また形が沓《くつ》に似た形のものは沓形《くつがた》ともいいます。

造　作　屋根に瓦をふいたら、柱と柱との間に壁、窓、出入口を造ります。

壁は土壁《つちかべ》で、柱と柱との間に径五―六センチの材を五〇センチ間隔くらいに渡し、それに割った細い木を内外から編みつけ、土を塗《ぬ》り、上に白土《はくど》を塗って仕上げます。

窓は四角な枠《わく》を組み、なかに角の棒を、稜線《りょうせん》を正面に向けて入れます。この角の棒を連子子《れんじこ》または連子といい、この窓を連子窓《れんじまど》といいます。寺院建築では、禅宗建築で尖頭《せんとう》アーチ形の花頭窓《かとうまど》が鎌倉時代に入ってくるまで、窓といえばすべてこの連子窓でした。

出入口は平らな厚い板を用いた板扉《いたとびら》（唐戸《からと》）です。板扉は軸になるところを丸く造り出し、上下の長押《なげし》に穴を彫って入れ、両開きにします。長押は本来は扉を入れるために、柱と柱の側面に打ったものですが、これによって軸部を固めることができるので、扉のないところにも打つようになりました。

造作《ぞうさく》にはこのほか、天井、床などが入りますが、ここでは省略します。なお、壁は造作には入らないのですが、造る順序にしたがいましたので、ここに入れました。

二重の建物の構造　これまで述べてきましたのは、一重の建物についてですが、二重でも、三重で

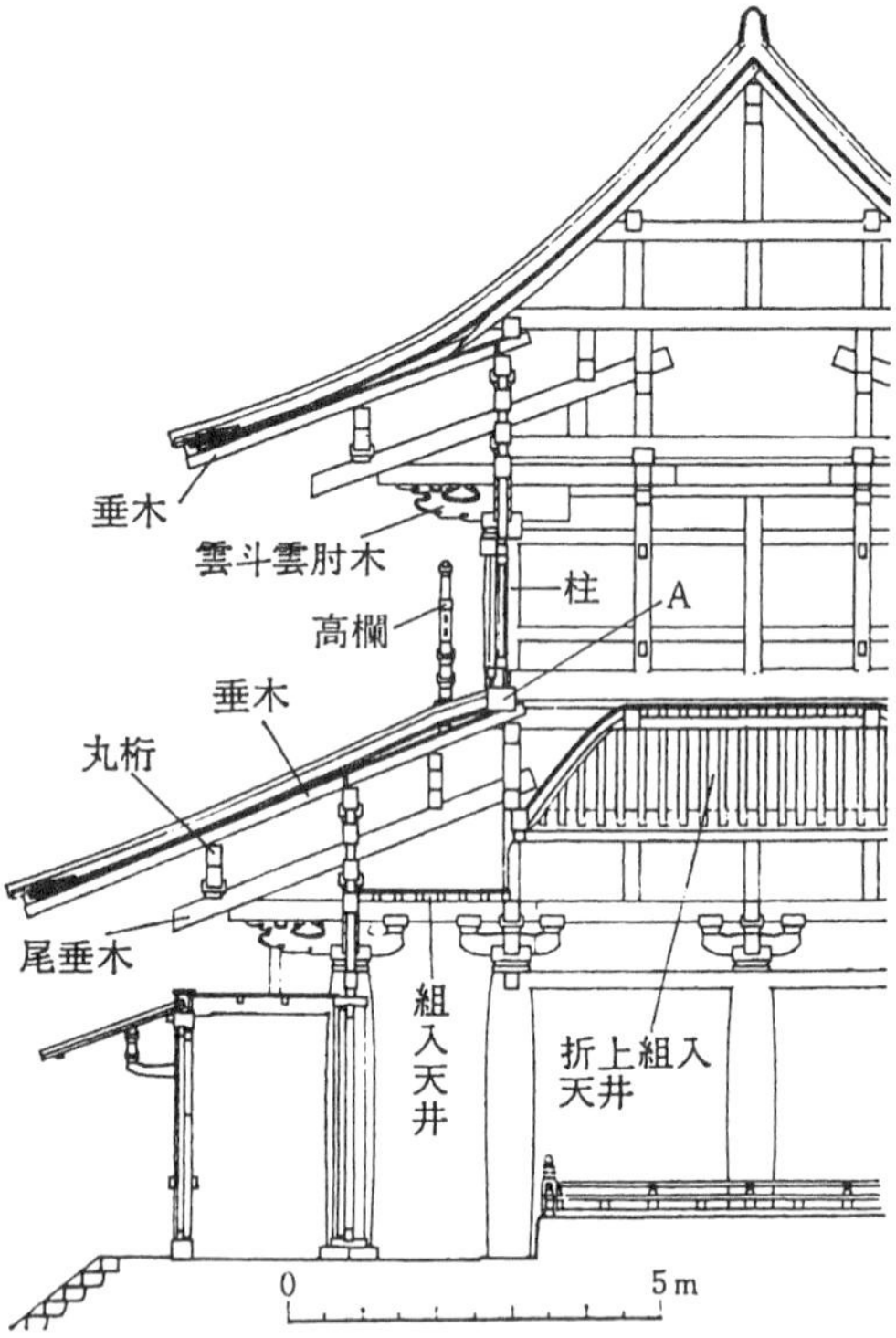

図14　金堂断面図

も、各重ごとに見れば同じです。しかし、二重以上では柱の建て方がいまとはたいへんちがっています。いまでは二階建ての家は隅の柱など、何本かの柱は一階から二階まで通した、通し柱にします。しかし、古代の建築では通し柱はありません。

一階の垂木《たるき》を打ち並べますと、その上に太い材（図14のA）をおきます。そして二階の柱はその上に建てます。この太い材をおく場所は一階の柱より内方で、これによって、一階の垂木の先をはねあげているのです。ですから、一階の柱と、二階の柱とは同じ位置には来ません。下とは無関係に柱位置をきめることができるのです。これは三重塔、五重塔でも同じことで、この点は十分心得ていないといけません。

建物平面の表わし方

別にお堂にかぎったことはないのですが、一般的なものとして仏堂をとりあげます。塔でも、門でも、回廊でも、仏堂のことがわかっていれば、十分理解できます。

前節で述べましたように、柱と柱を梁《はり》でつないだ軸組《じくぐみ》をいくつもならべ、これを桁《けた》と棟木《むなぎ》でつなぎ、上に屋根をかければ、建物は出来上がります。このように、建物の平面は柱できまります。ですから、建築では柱の配置をまずきめなければなりません。柱の配置を示せば、その建物の平面がわかります。古建築の場合、柱と柱のあいだを間《けん》という単位で表わします。柱が二本なら、あいだは一つですから一間《いっけん》、三本なら、あいだは二つですから二間《にけん》というように。

この一間というのは、実際の長さを表わす単位ではありません。尺貫法の一間＝六尺（あるいは京間《きょうま》一間＝六・五尺）という長さの実寸を表わすものではなくて、柱と柱のあいだがいくつあるか、ということを示すにすぎません。木造建築の桁や梁の長さは、木材という材料による構造的な制約がありますので、一間は三―四メートルがふつうです。したがって特別な場合を除き、「何間」といえば、大きさの見当はほぼつきます。

建物はほとんど長方形の単純な平面なので、正面三間、側面二間といえば、図15の母屋の部分だけの平面であることがわかります。法隆寺の経楼と鐘楼がそれです。これを略して、三間に二間の建物ということもあります。木造建築、とくに古代の建築は柱の配置がきまっていますので、この方が実長、たとえば経楼を長さ一〇メートル、幅六メートルなどと記すより、平面の性格は的確に示せるといっていいでしょう。実長が少しぐらいちがってもそう問題ありませんが、柱間《はしらま》の数がちがえば性格が非常にちがってきます。またこれならば、建物の寸法をいちいち実測しないでも説明することができます。

この正面、側面というのを、経楼のような場合には、桁行《けたゆき》三間、梁行《はりゆき》二間と言いかえることもできます。桁行は桁のかかっている方向、梁行は梁のかかっている方向です。桁行はふつう、大棟《おおむね》の通っている方向ですから、桁行・梁行といえば屋根の形とも関連して表わすことができます。一般の建物では正面が長く、側面が短いので、棟は正面と平行です。このような建物を平入《ひらいり》といい、これと直角の短い方に入口があるものを妻入《つまいり》といいます。寺院建築はだいたい平入で、法隆寺の建物もほとんど平入ですが、回廊のすぐ両脇にある聖霊院と三経院は妻入です。

建物を大きく造りたいとき、桁行の方向へは回廊のように延ばしていけば、いくらでも長くなります。しかし、それでは細長すぎて使えないでしょう。梁行の方に延ばそうとしても、梁の長さはふつうならば七メートルくらいが限度ですから、そう大きくはできません。そこで図15の1のように、前面にもう一列柱を立ててひろげることを考えました。それを庇《ひさし》といい、もとの部分を母屋《もや》（身舎《もや》）といいました。庇は必要に応じて、一方だけでなく、二方、三方、四方につけることができます。柱は各柱筋《はしらすじ》の交点にすべて立ちますが、母屋のなかだけは上に長い梁《はり》をかけて柱を立てません。庇はどちらにでもつけられますが、側面（梁行）につけるのなら、母屋を長くすればいいのですから、図15の1 2のようなつけ方が常識的でしょう。

この平面を平安時代の人々は三間《げん》一面《めん》、三間二面、三間三面、三間四面と呼びました。三間四面になると、十字形になります。三間三面でも隅がでこぼこになります。こうなると、この隅のあいたところも一つ屋根の下にとり入れて、長方形平面にした方がつごうがいいので、3′4′のように造ります。3′は日《ひ》吉《え》大社《たいしゃ》本殿、4は京都御《ご》所《しょ》紫《し》宸殿《しんでん》、4′は法隆寺金堂の平面です。この「三間四面」は「母屋の桁行が三間で、四面に庇がある（三間在四面庇）」を略したものです。母屋の梁行は二間ときまっているので、略しています。もっとひろげたいときは、庇の外にまた庇をつけます。これを孫庇《まごびさし》とか又《また》庇《びさし》とかいいます。孫庇は寝殿造や密教の仏堂

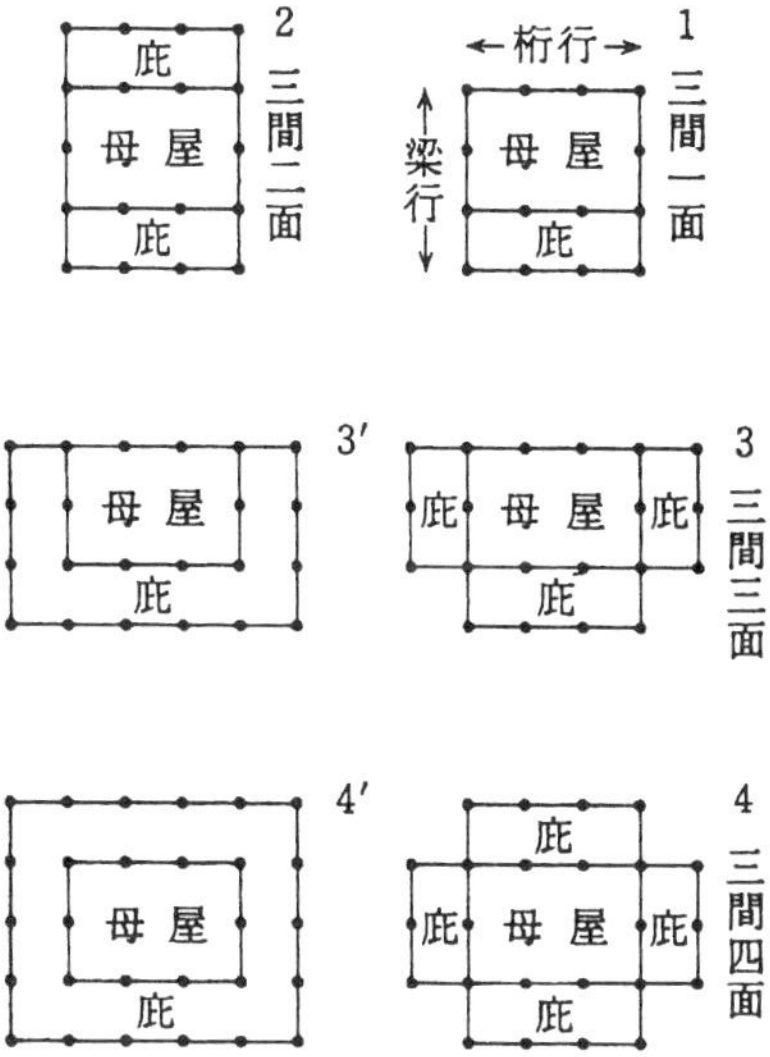

図15　間面記法

にはありますが、奈良の寺院建築にはごくまれにしかありません。

この平面表記法の意味は昭和八年に足立康《あだちこう》博士がはじめて明らかにされたもので、それまでは誤って解釈していました。「面」という字の意味がわからなかったのです。古い文献を見ますと、一面、二面、三面は少なく、ほとんどが「何間四面」と記してあります。そして奈良の仏堂では側面が四間のものが大部分なので、「面」は側面の柱間の数を表わすものと解しました。そのため奥行の深い建物、たとえば一六五ページの東大寺法華堂《とうだいじほっけどう》（三月堂《さんがつどう》）などでは五間八面というように表わしていました。これはたいへんな間違いなのですが、いまでもそのような記法を使う人がいますので、注意しなければなりません。

このような表記法の話をもち出したのは、日本建築では母屋と庇が非常に重要な意味をもっているからです。法隆寺の金堂（図18）では母屋は桁行三間、梁行二間で、四方に庇がついています（現在はその外に裳階《もこし》がついています。裳階については薬師寺東塔のどこかで述べますので、これを除いてみていきましょう）。「間面記法《けんめんきほう》」でいえば「三間四面」です。母屋と庇との間には柱が立っていますが、そこには壁などの間仕切《まじきり》はありませんので、全体が一室となっています。しかし、母屋と庇との仕切はなくても、内部空間としての扱いはまったく別です。母屋内にはいっぱいに仏壇が造られ、仏像が並んでいます。母屋には天井が高く造られていますが、庇の天井は一段低くなっています。母屋は仏のための空間ですので、とくに立派にしてあるのです。母屋と庇の間に仕切はなくても、そこは別々の空間なのです。

この母屋・庇による内部空間の構成は日本建築の基本的なもので、これを理解していないと、日本建築の内部空間はわからないといってもいいでしょう。

母屋だけのとき、および一面庇《いちめんびさし》と二面庇のときは切妻造です。これが三面庇となると、入母屋造のうしろを切った形（日吉大社本殿《ひえたいしゃほんでん》）となり、四面庇は入母屋造か寄棟造です。したがって「間面記法」はこの母屋・庇構成、それはひいては屋根の形をも示すものなので、その意味からいって、非常に便利なものといえると思います。

建物の設計は大きさをどれくらいにするか、柱と柱の間隔（柱間《はしらま》）をどれほどにするかを決めなければできません。昔の建築家はどのようにしてこれを決めたのでしょうか。柱と柱の間は二メートルより狭いと使いにくいし、五メートル以上になると、上の横架材《おうかざい》に大きなものが必要になります。それで、とくに大きな建築を造るとき以外は、三―四メートル間隔に柱を立てるのが、使いやすく、経済的ということになります。

三―四メートルが都合《つごう》がいいといっても、設計するときには三・五六メートルというように、きちんと決めなければなりません。そこでの細かい寸法は何によって決めたのでしょうか。図面を書いて、もう少し広く、もう少し狭くといって決めたのかもしれません。しかし、三・〇メートルとか、三・五メートルとかいう端数《はすう》のつかない数で決めたのではないかという考え方もできるでしょう。

日本の長さの単位は尺でした。三・三分の一メートルが一尺でした。これは人間の使うものの単位としては適当な長さです。メートル法ができる前のヨーロッパの長さの単位一フィートもほぼ一尺と同じ長さであることはこれを物語っています。一尺が単位なら、何尺という整数値できめてもそう不自由はありません。もし必要なら、その半分の五寸単位にしても、複雑な数値にはならないので、造る場合はたいへん楽です。

そこで、関野貞《せきのただし》博士は、昔は建物の柱間を決めるのに、何尺という端数のない数値で設計をしたという仮説を出しました。

昔の建物を今の物指《ものさ》し（曲尺《かねじゃく》）で測ってみると、何尺というような整数にはなりません。それは昔の物指しの長さが今とちがっていたからです。関野博士は正倉院《しょうそういん》に残っている物指しの長さを測ってみました。ところが、それは今の物指しの〇・九八尺しかありません。それで、奈良時代の物指し（奈良尺《ならじゃく》）は今の物指しの〇・九八だったとして建物の寸法を測ると、ちょうど何尺という端数がでない数になりました。これでこの仮説はほぼ証明されたことになります。

ところが、この奈良尺で、法隆寺の建物の柱間を割っても、割り切れません。七世紀に物指しの長さが変わっているのです。古い物指し（飛鳥尺《あすかじゃく》）の五尺が、六尺に変更されていたのです。これを大尺と小尺といいますが、大尺は小尺の一・二倍だったのです。ですから、〇・九八尺の一・二倍、一・一七六尺で法隆寺の建物が設計されたとすると、金堂の柱間《はしらま》は端が六尺、中央が九尺になります。

関野博士はこれに基づき、大尺から小尺への変更は大化改新《たいかのかいしん》（六四五年）だとし、したがって、法隆寺の建物はそれ以前のものだと主張されました。このすばらしい着想によって、法隆寺非再建論は勝利を納めたかにみえましたが、大尺から小尺への変更は大化改新ときめられないということで、結論が出るというわけにはいかなくなりました。しかし、これによって、法隆寺の建築が古い様式によるということは明らかになりました。

物指しの長さは、昔は検定がなかったので、奈良時代といっても、いまの一尺の〇・九八ときちんと決まっていたわけではありません。〇・九七五くらいから、〇・九八ちょっとまで、さまざまです。ですから、柱間の実測値を、想定される一〇尺とか一二尺とかいう整数で割って、当時使った物指しの長さを算定します。物指しの長さはごく少しずつ長くなる傾向がありますので、当時使われた物指しの長さは、時代の前後を判定する一つの資料になります。もっとも、後になりますと、柱間の決定は整数値によるということはなくなりますので、この方法で当時の物指しの長さを知るということはできなくなります。

柱間寸法を整数で表わせるとなると、比例関係がはっきりわかります。これは法隆寺金堂の柱間を三・二三六メートルと二・一五七メートルといった場合と、九尺と六尺と表わした場合とを比較すれば明らかでしょう。そしてこの仮説は古代建築の平面の研究の発展にたいへん役立ちました。

飛鳥建築の特徴

明治二六年、「法隆寺建築論」という画期的な大論文を発表した日本建築史学の創始者伊東忠太《いとうちゅうた》博士は、「法隆寺研究の動機」のなかで、つぎのように述べています。

第一印象として他に比儔《たぐい》無き一種特異の風格を備うる名建築であることを直感した。ただしそれが果して日本最古の遺構であるや否やは当時何人も断言しえなかった。

法隆寺の建築は、このように一見して他の古建築とまったく異なった様式をもっています。これと同様の建築は、近くの法起寺三重塔《ほっきじさんじゅうのとう》と法輪寺《ほうりんじ》三重塔だけで、ほかではまったく見られません。そして、この三寺はみな聖徳太子ゆかりの寺で、七世紀に創立された寺です。

それでは、どんなところが奈良時代（八世紀）以後の建物とちがっているのでしょうか。法隆寺のなかでも、この様式に属するのは金堂・塔・中門・回廊の四つだけです。この四者は多少ちがっているところもありますが、ほぼ同じですので、いっしょにして述べていきましょう。

法隆寺の建築で、だれもが最初に異様に感じるのは、柱の上下が細く、中ほどが膨《ふく》らんでいる（胴張《どうば》り）ことでしょう。ふつう、円柱《まるばしら》は完全な円筒形で、太さは上も下も同じです。塔や金堂では裳階《もこし》に隠れてよく見えませんが、中門や回廊では、はっきり見え、また金堂でも堂内の柱で見れば、上下にくらべ、中ほどが柱頂より七％ほど太くなっているのがよくわかります。柱の上の大斗《だいと》には下に板が入っています。これを皿斗《さらと》といいますが、講堂や鐘楼・経楼の大斗にはこれがありません。

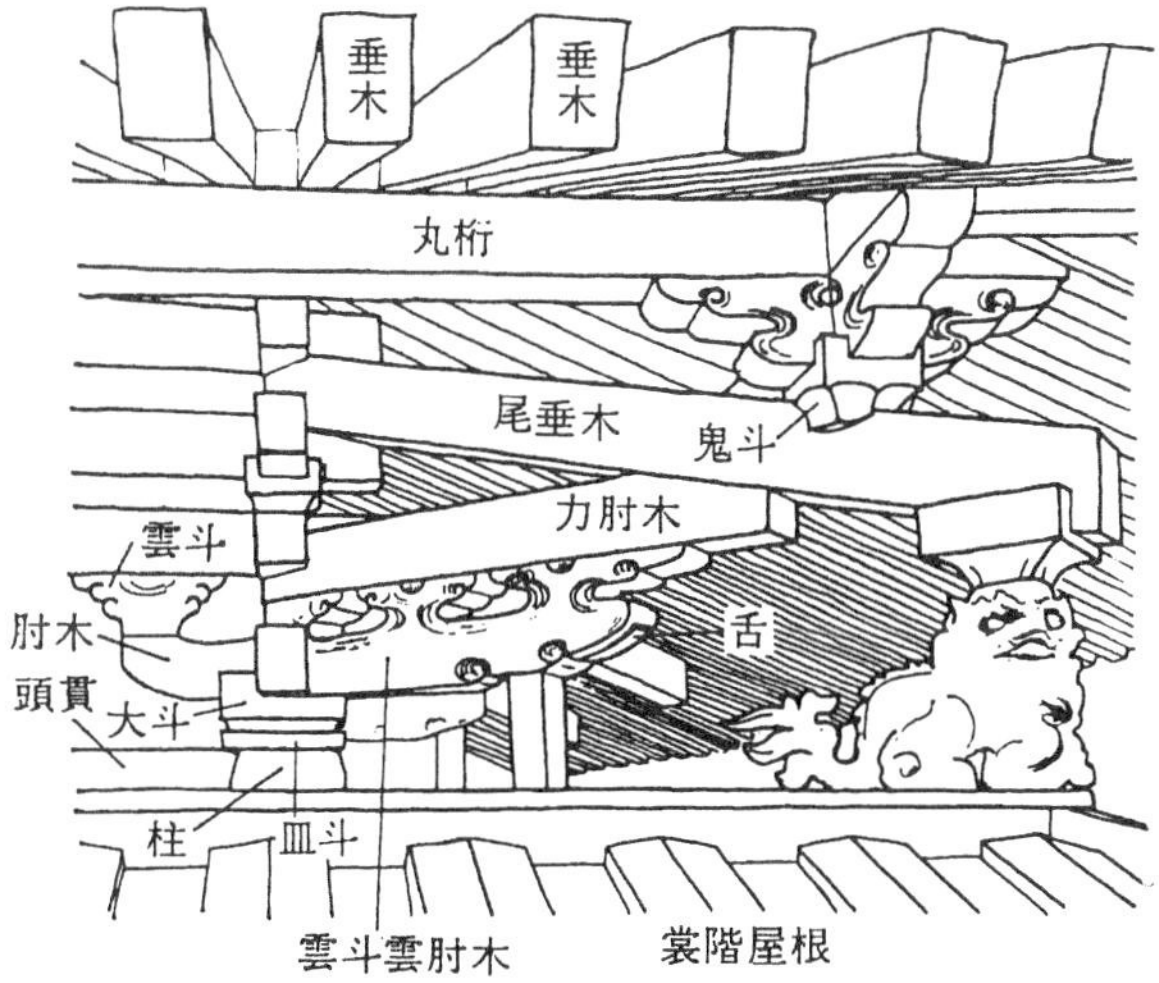

図16　雲斗雲肘木

大斗の上の肘木《ひじき》で、外方に向かって出ているものは、輪郭の曲線が雲のようになっています（図16）。肘木の上には斗《ます》がのるはずですが、ここでは肘木と一体になって同じような複雑な曲線になっています。それでこの組物を雲斗雲肘木《くもとくもひじき》（雲斗《くもと》栱《きょう》）といっています。

隅の組物《くみもの》を見ますと、隅の柱から斜め四五度方向に出ているだけで、建物の壁面から直角に出るものはありません。これも奈良時代以後の建物にはまったく見られないものです。

組物のうちでも金堂の内方のもの（図17）や回廊のものは、ちょっと見ると奈良時代のものと同じように見えるでしょう。しかしこれも、細かく

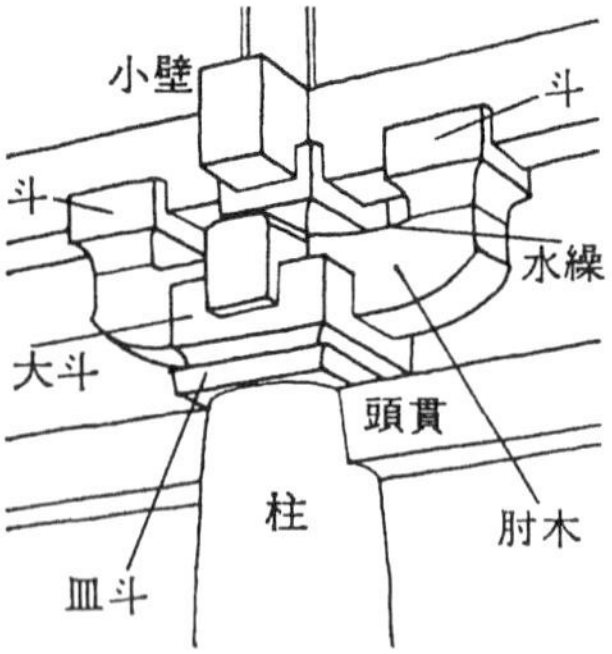

図17　金堂内部組物

見るとちがったところがあります。それは肘木の形で、法隆寺の肘木は下面の曲線が先に行くにしたがって強く反《そ》り上がり、木口《こぐち》は垂直に切られず、ここも曲面になっています。また上面の角《かど》は水繰《みずくり》（笹繰《ささくり》）といって斗と斗との間を斜めに少し刳《く》ってあります（奈良時代にはありますが、後にはなくなります）。

雲斗雲肘木の上には内方から水平な材（力肘木《ちからひじき》）が出てきて雲斗雲肘木の上にのり、その上に斜めの材が出てこの水平材の上にのっています。これを尾垂木《おだるき》といいます。尾垂木は奈良時代以後の建築でも複雑な組物のときはみなありますが、後の尾垂木は先が反っていたり、先端を斜めに切り落としています。法隆寺では尾垂木にそりがなく、先端は垂直に切っています。

尾垂木の先の方には、また斗《ます》がのり、雲斗栱をのせ、水平な材を支えています。垂木をうける水平材を桁《けた》といいますが、そのうちいちばん先端にある桁を丸桁《がぎょう》といいます。これは奈良時代の建築では字の通り断面円形の材が多いのですが、法隆寺では角材です（丸桁は後にはすべて角材になります）。

丸桁の上に斜めにかかっているのが垂木です。ここの垂木は角材で反っていません。また奈良時代のように、二重の垂木ではありません。経楼や講堂を見てもらうとすぐわかりますが、これらでは垂木の先端に水平材をわたし、そこからまた垂木が出ています。このように垂木が二重になるのがふつうで、一重のものを一軒《ひとのき》、二重のものを二軒《ふたのき》といいます。そして下の垂木を地垂木《じだるき》、上の垂木を飛檐垂木《ひえんだるき》といいます。

奈良時代の地垂木は先で少し反っています。飛檐垂木も下端《したば》が反っています。また奈良時代の地垂木は断面が角の場合もありますが、円形のものを多く使います。法隆寺のように、重要な建物で一軒のまっすぐな垂木を使うのは、他に例がありません。

金堂の二階を見ましょう。まわりに高欄《こうらん》（手すり）がついています。この高欄には飾りとして細い木で組んだ格子《こうし》のようなものが入っています。これを卍崩《まんじくず》しの組子《くみこ》といいます。卍をつなげて文様《もんよう》としたものです。これを建物の高欄に使ったのは、ずっと後の黄檗宗《おうばくしゅう》（禅宗《ぜんしゅう》の一分派）のものにはありますが、ほかにはありません。

また高欄は三斗《みつと》で支えられていますが、その中間に叉首《さす》が入っています。これは人字形蟇股《かえるまた》あるいは割束《わりづか》と呼ばれていますが、回廊の虹梁《こうりょう》上のものと同じですから、叉首と呼んだ方がわかりやすいでしょう。この叉首は二本の斜め材が反っていて、上部の荷を支えるという意味より、装飾的な意味が勝っています。これと同じ形のものは、金堂の屋根の妻にも見えます。そこでは中央に一本束《つか》が入っています。このように、二本の斜めの材の中に束を入れたものを豕叉首《いのこさす》といい、入母屋造や切妻造の妻飾《つまかざ》り（本来は棟木《むなぎ》を支えるためのもの）に使われていますが、ここでも二本の斜めの材は反っています。法隆寺以外に叉首を反らせた建物はありません。

以上が法隆寺・法起寺・法輪寺に見られる独特の様式です。

これらのうち、年代が明らかなものは法起寺の三重塔で、法起寺については鎌倉時代まで露盤銘《ろばんめい》が残っていて、法隆寺の学僧顕真《けんしん》が鎌倉時代の初めに書いた『聖徳太子伝私記』に出ています。それによると、法起寺は聖徳太子がなくなられるとき、山背大兄王《やましろのおおえのおう》に岡本宮を寺とするよう遺言《ゆいごん》され、舒明《じょめい》一〇（六三八）年に金堂を建て、塔は天武《てんむ》一三（六八四）年に起工、慶雲《けいうん》三（七〇六）年に露盤を上げたと記されてます。建物は、工事がはじまったとき設計はできていたわけですから、法起寺塔の様式は天武一三年のものとしていいでしょう。すると飛鳥《あすか》様式は少なくとも六八〇年代まであったことになります。

現在残っている建物で、これに次ぐ古いものは薬師寺の東塔で、八世紀の他の遺構と同じような様式です。東塔は天平《てんぴょう》二（七三〇）年の建築ですが、薬師寺のところで説明しますように、七世紀末の様式を伝えている可能性があります。

古い方の法隆寺の様式は中国六朝《りくちょう》の様式が朝鮮半島を経て日本に伝わったもの、新しい方の薬師寺の様式は中国唐《とう》の様式が直接日本に伝わったものとみられます。したがって、七世紀の終りは新旧両方の様式が併存したと考えなければなりません。

一般的には、仏教伝来から大化改新（六四五年）までを飛鳥時代とするのですが、残っている建築では大化改新から平城遷都《へいじょうせんと》（七一〇年）までの間の建物は法隆寺・法起寺・法輪寺の三寺しかありませんので、この本では仏教伝来から平城遷都までを飛鳥時代、平城京に都があった時代を奈良時代とします。

金　堂

金堂は本尊をまつる堂で、桁行《けたゆき》五間、梁行《はりゆき》四間、二重です。初重の周囲についた板ぶきの裳階《もこし》は金堂が建てられた後に間もなく付加されたものです。裳階については薬師寺のところでくわしく説明します。

七世紀に建てられた各寺の金堂は大官大寺《だいかんだいじ》を除くと、桁行五間、梁行四間が多く、これが一般的な規模であったと思われます。ところが、八世紀に入ると、南都の諸大寺や地方の国分寺でも桁行七間のものが多くなります。これは寺の規模が大きくなったことも一因ですが、また伽藍配置が変わり、中門の正面に金堂が建てられるようになり、塔よりも金堂が重要視されて、その正面の形が堂々と見えるようにする必要があったことに原因があったと思われます。

正面中央三間と、側面・背面に戸口がおのおの一間ありますが、他は土壁で窓はありません。ですから、扉を閉めてしまうと、なかはまっくらになります。これは奈良時代の金堂、たとえば唐招提寺金堂にくらべて、たいへんちがったところです。唐招提寺金堂では正面中央五間と、背面一間に戸口

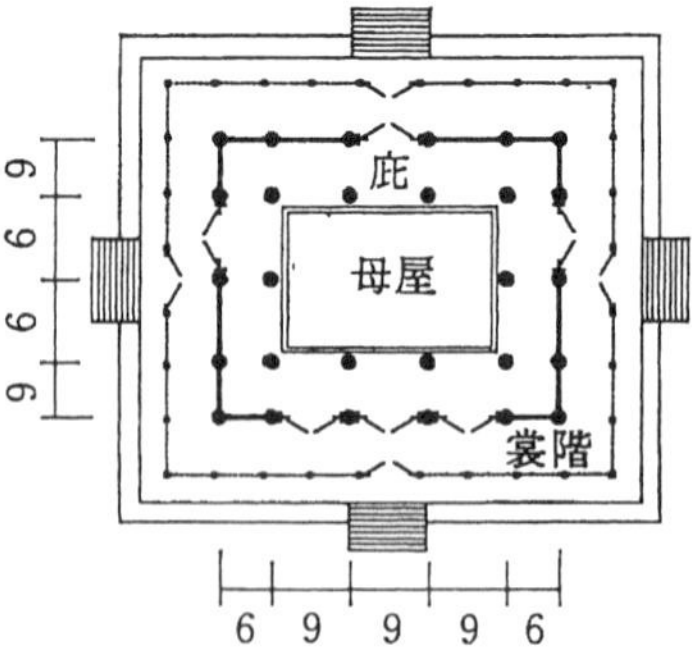

図18　金堂平面図

がありますが、他はすべて窓で、壁がなく、法隆寺金堂とは正反対です。

このように閉鎖的だったのは、金堂が「仏」のためのもので、僧といえども入れなかったからだと思われます。薬師寺金堂は法隆寺金堂よりずっと大きかったのですが、その中央の桁行五間、梁行二間は閉鎖的になっており、『今昔物語集《こんじやく》』には「一生不犯《ふぼん》の僧（釈迦《しやか》の定めた戒律に反しない僧）なれども入ることなし」と書かれています。今日ではそうした厳重な区別はありませんが、古代ではみなそうだったと思われます。ですから、法隆寺の金堂は、後の仏堂のなかにあるお厨子《ずし》のようなものだったと考えていいでしょう。

金堂における儀式は、堂内に入れないのですから、堂の前庭で行なわれていたのでしょう。しかし、それでは雨の降ったときなど不便なので、周囲に裳階《もこし》をつけることになったと思われます。裳階が金堂にくらべて仮設的な構造であるのは、堂ができたあとで付加したものであることを物語っています。

拝観者は裳階のなかには入れますが、金堂のなかには入れませんので、内部のようすはよく見られないのですが、正面の戸口からのぞくと、金堂の中央の桁行三間、梁行二間の母屋《もや》には、いっぱいに仏壇が築かれています。母屋と庇《ひさし》との間に壁や仕切はありませんが、仏壇は神聖なものですから、掃除のときを除き、だれもここには上がれません。天井を見ると、庇の天井は低く張ってあります。母屋の柱の上には小壁《こかべ》があり、それから斜めに天井が立ち上がり、天蓋《てんがい》にかくれてよく見えませんが、上に庇と同じく一〇センチほどの材を、間隔一五センチぐらいに組んだ格子《こうし》状の天井があります。これを組入天井《くみいれてんじょう》といい、周囲が立ち上がっているので、折上《おりあげ》組入天井といいます。平安時代まではこの格子に組んだ形式の天井が住宅にも使われていたためでしょう、住宅の天井のことを「組入」といっています。このように、側面から中央にいくにしたがい、しだいにたかまっていく内部空間の造り方が、仏堂の造り方の基本なのです。

金堂の扉は幅一メートル、厚さ一〇センチの一枚板です。このような大きな板を取ることは、材木が多かった当時でも、たいへんなことだったでしょう。柱は太いところの直径が六六センチもあります。これを取るには直径九三センチ以上の木が必要です。みなさんは円柱《まるばしら》を作るには、木を周囲から円く削っていけばいいと思うでしょう。ところが、そうではありません。まず丸太を断面正方形の材にします。そしてそれを八角にし、一六角にし、最後に円にするのです。ですから直径六六センチの円柱をとるには$\sqrt{2}$倍の直径九三センチ以上の太さの木が必要になります。これはすべての断面円形の材の作り方なのです。したがって断面円形の材の方が断面方形の材より作る手間がかか

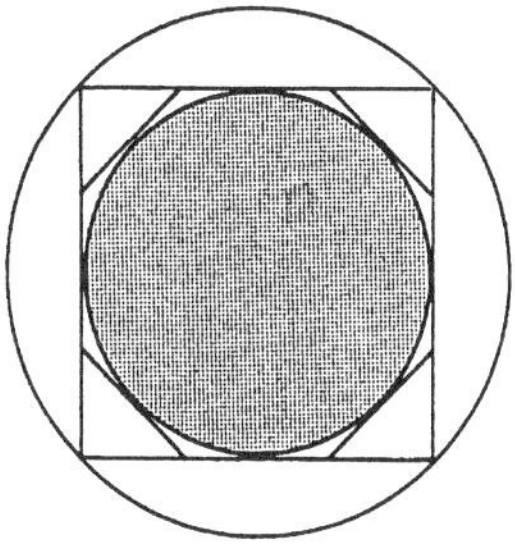

図19　円柱の作り方

るので、上等ということになります。ですから法隆寺金堂でも、裳階の柱は角柱《かくばしら》なのです。裳階の方が一段格が低い、従属的な部分だからです。

余談になりますが、私にはこんな経験があります。もう二〇年ほど前、福島県の古建築の調査に行きました。前もって選んでおいてもらった建物数棟を見ますと、どれも室町時代風です。だいたい、古い建物を見てほしいといわれて行ってみても、一〇に一つも中世にさかのぼるものはありません。それが、五棟も室町時代かと思われるのがあるのにびっくりしました。そこで、案内してくださった県の梅宮《うめみや》主事にたずねました。

「梅宮さん、あなたの古建築に対する鑑識眼は大したものですね。どうしてこれだけたくさんの古い建築を見つけられたのですか」と。梅宮さんは呵々大笑《かかたいしょう》されました。

「実は文部省の伊藤久技官に、中世までの建物は床下まで柱は円く作るが、近世になると床下は見えない所なので八角で工作を止めて、円く仕上げてありませんと教えられました。そこで町村の教育委員会に連絡して、社寺の床下を子どもたちにのぞかして、柱が床下まで円くなっているものがあったら連絡してくださいと頼んだのです」と種明かしをされました。近世の建物の柱の床下部分が八角であることは私たちも知っていたのですけれども、こんなに上手に使えるとは思いませんでした。みなさんも、ご近所の社寺の床下をのぞいてみませんか。もし柱が円かったら、室町時代の可能性があります。でも、地方によっては、たとえば奈良地方などでは、江戸時代でも円く作っていますので、一概にはいえませんけれども。

裳階を回って外へ出たら、もう一度金堂の全体を見ましょう。この建物は二重ですが、断面図（図14）でわかるように、二階の床は張ってありません。上にあがって、そこを使うための二階ではなく、外観を立派に見せるために二重にしたのです。

平安時代までの二重の建物は、みなそうでした。たとえば平安京の南の正面の門である羅城門《らしょうもん》は二重でしたが、二階には死んだ人の骨がちらばっていたと記されています（『今昔物語集』）。二階をいつも使っていたら、そんなことはなかったはずです。二階の内部は部屋として造られていなかったのです。それが二階も使うようになったのは禅宗《ぜんしゅう》建築が鎌倉時代に伝わってからで、禅宗の三門《さんもん》（南都諸寺の中門に当たる）の二階には観音《かんのん》や羅漢《らかん》がまつられ、内部は極彩色《ごくさいしき》で飾られ、室町時代には将軍もここにあがって、四方を眺めたりしています。また京都東福寺《とうふくじ》の開山堂《かいさんどう》のような二階が、方丈《ほうじょう》（住職の住まい）の上に造られていました。それに近い形のものとして、金閣や銀閣が残っています。

金堂二重の柱間《はしらま》を見ると、その平面は桁行四間、梁行三間になっています。初重より一間ずつ減らしているのですが、その結果、正面は四間で、中央に柱が来ています。建物の正面の柱間は奇数にして、中央に柱が来ないようにするのがふつうです。それをあえて偶数にしたのは、初重との釣合い上、これくらいの大きさが適当だとして二重の桁行の全長を決め、それを五つに割ると柱間が小さくなりすぎ、三つに割ると大きくなりすぎるので、四つに分けたのでしょう。偶数で柱が中央にくることには、無頓着《むとんじゃく》だったと思われます。

当時、正面柱間を偶数にするというのは、そう珍しいことではありませんでした。法隆寺の五重塔の五重目は二間ですし、法起寺・法輪寺・薬師寺などの塔も、みな最上層の柱間は二間です。この場合、上の方だからあまり目立たないので偶数にしたと思われるかもしれませんが、塔は中心に心柱《しんばしら》が通っていますので、柱間を偶数にすると、相対する中央の柱上の組物は水平材でつなげなくなります。この点、構造的にたいへん不利なのですが、それにもかかわらず、偶数間にしたということは、美しさの点を大きく考えたからとしか考えられません。

軒下を見ましょう。柱の上に組物がありますが、その上は斗《ます》を一つおき、水平材をわたし、また斗をおき、材をわたすという構造で垂木《たるき》の出る元まで壁は垂直に立ち上がっています。したがって、壁と垂木との作る三角形はたいへん奥が深く、軒の出が非常に大きいことがわかります。この感じは裳階のない中門の方がよくわかります。軒下に直線の垂木が平行に並んでいます。隅に行くと、柱上から斜め四五度に組物が出て、いちばん上に太い材があります。これを隅木《すみぎ》といいます。端の柱から外では、垂木はすべて隅木にぶつかっています（図20）。

垂木は下から見えているところよりずっと奥深くまであり、その上に屋根の荷重《かじゅう》がかかるようになっていて、天秤《てんびん》と同じような原理で軒の荷重を支えているのですが、隅の柱から外側の垂木は、根元を引き込む場所がありませんので、すべて隅木に釘《くぎ》で打ちつけられているのです。これでは軒の荷重を支えることができないばかりでなく、垂木自身の目方も隅木にかかってしまうので、構造上たいへん不利な造り方です。

この構造上の不利を避けるには、どうしたらいいのでしょうか。それはたいへん簡単で、隅の垂木を平行にせず、放射状に配置すれば、その根元の方を内方にのばせますので、それで、軒先の荷重をうけることができます。中国の建築はみなこの方法をとっており、日本でも鎌倉時代に中国の宋《そう》の様式が伝来したときには、この放射状の垂木（扇《おうぎ》の骨のようになっていますので扇垂木《おうぎだるき》といいます）を採用しています。この技法は古代にも日本に伝わっていました。たった一つの例ですが、大阪の四天王《してんのう》寺《じ》の講堂の軒は、この扇垂木になっていたことが発掘によってわかっています。多分建物が倒れたのでしょう。軒先の垂木が地中に埋まっていて、それがわかったのです。

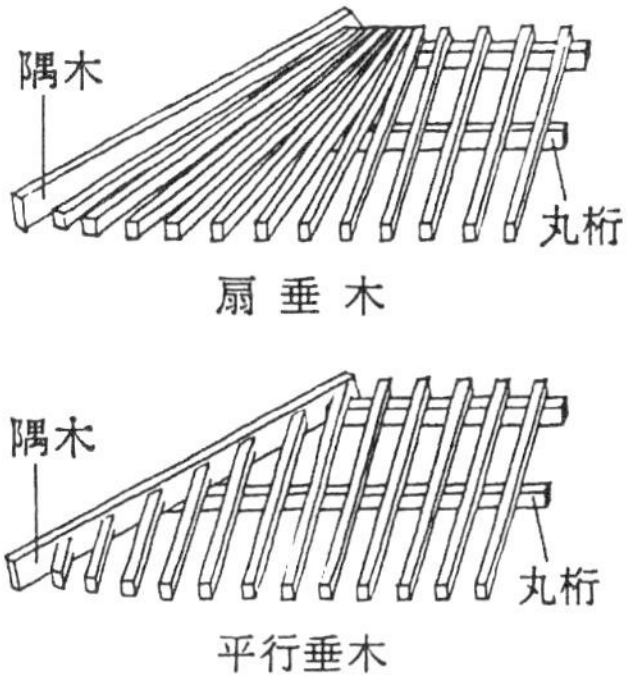

図20　垂木配置

七世紀にその技法が伝わっており、その方が構造的にはるかに有利なことを知っていたはずなのに、法隆寺以後の日本の建築がこれを採用しなかったのは、なぜでしょう。

この答は簡単ではありませんが、私は次のように想像しています。

仏教建築伝来以前の日本の建築は、切妻造《きりづまづくり》が主だったと認められます。それは当時の宮殿建築と同じだった神社本殿の屋根がすべて切妻造であるところから、そう考えられます。伊勢《いせ》神宮、出雲大社《いずもたいしゃ》、住吉《すみよし》大社、賀茂別雷《かもわけいかずち》神社、賀茂御祖《みおや》神社、春日《かすが》大社、宇佐八幡など、古い由緒《ゆいしょ》をもつ神社本殿はすべて切妻造です。

これはまた言葉の面からも推定することができます。奈良時代には切妻造を真屋《まや》といい、寄棟造《よせむねづくり》を「東屋《あずまや》」（四阿・阿舎、ともにあずまや）といっていました。「真屋」の真は「ほんとうの」という意味でしょう。「東」とは「東国の」というのが本来の意味ですが、また「いなかの」という意味にも使われています。真屋の方が東屋より上級の、立派な建築だったのです。ところが、中国では唐の法令に「宮殿みな四阿《しあ》」といっているように、「四阿」の方が上だったのです。仏教建築では立派な建物はみな寄棟造か入母屋造《いりもやづくり》で、切妻造の建物は一段格の下の建物に使われています。それなのに、言葉の方では切妻造（真屋）の方が上というのは、仏教が伝来する前の時代では切妻造の方が上等であったので、言葉はそのまま残ったとみる以外にないでしょう。

切妻造なら垂木は平行になります。平行の垂木が宮殿や神社本殿に使われていたので、長年それを見なれた人たちにとって、放射状の垂木は賤《いや》しげなものと受けとめられたのでしょう。当時の民家は放射状の垂木だったからです。この放射状の垂木は、いまでも寄棟造、茅《かや》ぶきの農家に多く見られます。

伊勢神宮正殿《せいでん》は切妻造で、垂木は平行の角垂木《かくだるき》です。神社本殿や宮殿建築の平行の角垂木を見なれた人たちにとって、放射状の、反《そ》った円垂木《まるだるき》で最高の建築である仏殿を造ることは我慢ならなかったのでしょう。その後の仏教建築が二重の垂木であるのに、法隆寺の金堂・塔・中門などが、一重の、平行の、角垂木を使用していることは、当時の人々の美意識によるものと考えられます。

これは私の想像にすぎませんが、そのように考えたとき、不利な構造をあえて採用した飛鳥《あすか》時代の人々の気持ちがわかるように思われます。

五重塔

塔はお釈迦《しやか》さんの墓です。お墓ですから、もちろんお骨《こつ》が納めてあります。お骨は舎利《しやり》といわれ、これを容器に入れて土中に埋めました。その上に蓋《きぬがさ》を立ててお墓の標識としたのが、今の相輪《そうりん》の原形です。相輪は青銅か鉄でできていて、心柱《しんばしら》の上に鉛筆のキャップのようにかぶさっています。舎利容器は当然、心柱の下になければなりません。心柱は礎石（心礎）の上に立ちますので、その礎石の中央に穴を彫り、舎利容器を入れ、その上に心柱が立っています。法隆寺の五重塔の心礎は地中三メートルほど下にあり、心柱はここに立つので、掘立柱《ほったてばしら》のような形になっていました。心礎を地中深く据《す》えるのが塔の古い形式で、飛鳥寺《あすかでら》・四天王寺・法輪寺などに見られます。心礎を地中に埋めるのは、舎利を地中に納めるという考えもあったのでしょうが、長い心柱を立てるため、根元を地中に埋めた方が工事がしやすかったのではないかと思われます。法隆寺の心柱もそうだったのですが、地中にある部分は早く腐ってしまったので、現在では基壇上のところで切り、下に石をかってその上に立っています。

舎利容器は五重塔を解体修理したとき取り出され、また元に戻しましたが、その時、模造品を作り、現在、それが大宝蔵殿《だいほうぞうでん》に陳列してあります。青銅の半球形の鋺《まり》の中に、球形の青銅の鋺があり、その内に美しい透《すか》し彫《ぼ》りのある銀・金の卵形の容器があり、舎利はその中にある水瓶《すいびょう》のうちに納められています。外の半球形の鋺には、鏡が入っていました。そしてこれらのすきまには宝石類がいっぱいつまっていました。飛鳥寺の心礎では舎利容器はなくなっていましたが、金環《きんかん》や曲玉《まがたま》・管玉《くだたま》などが入っていました。鏡や曲玉などは古墳の副葬品に多く見られるもので、舎利を納めるに当たり、古墳と同様な扱いをしたところは注目すべきことでしょう。

心礎の上に心柱《しんばしら》が立ちます。心柱は周囲の木造の塔身とは構造的に無関係です。五重塔の心柱は上から鎖《くさり》で釣ってあって、下はぶらぶらになっており、それで耐震的なのだという話をよく聞きます。しかし、心柱を上から釣ってある塔は日光《にっこう》の五重塔と、焼けた東京谷中《やなか》の天王寺《てんのうじ》の塔だけで、どちらも江戸時代のごく終りに建てられたものです。谷中の塔は東京都民に親しまれていた塔ですが、昭和三二年に放火のため焼失しました。みなさんはこの塔を見たことはないでしょうが、幸田露伴《こうだろはん》の『五重塔』はこの塔の建立について書いた小説です。

それはさておき、心柱を上から釣るようになったのは、耐震的にするためではなかったのです。それについて、江戸時代の初期、天和《てんな》年間（一六八一—八四）に法隆寺の大工平《たいらの》政隆《まさたか》の書いた『愚子《ぐし》見記《けんき》』のなかに、京都東寺《とうじ》の五重塔について、つぎのような話が出ています。

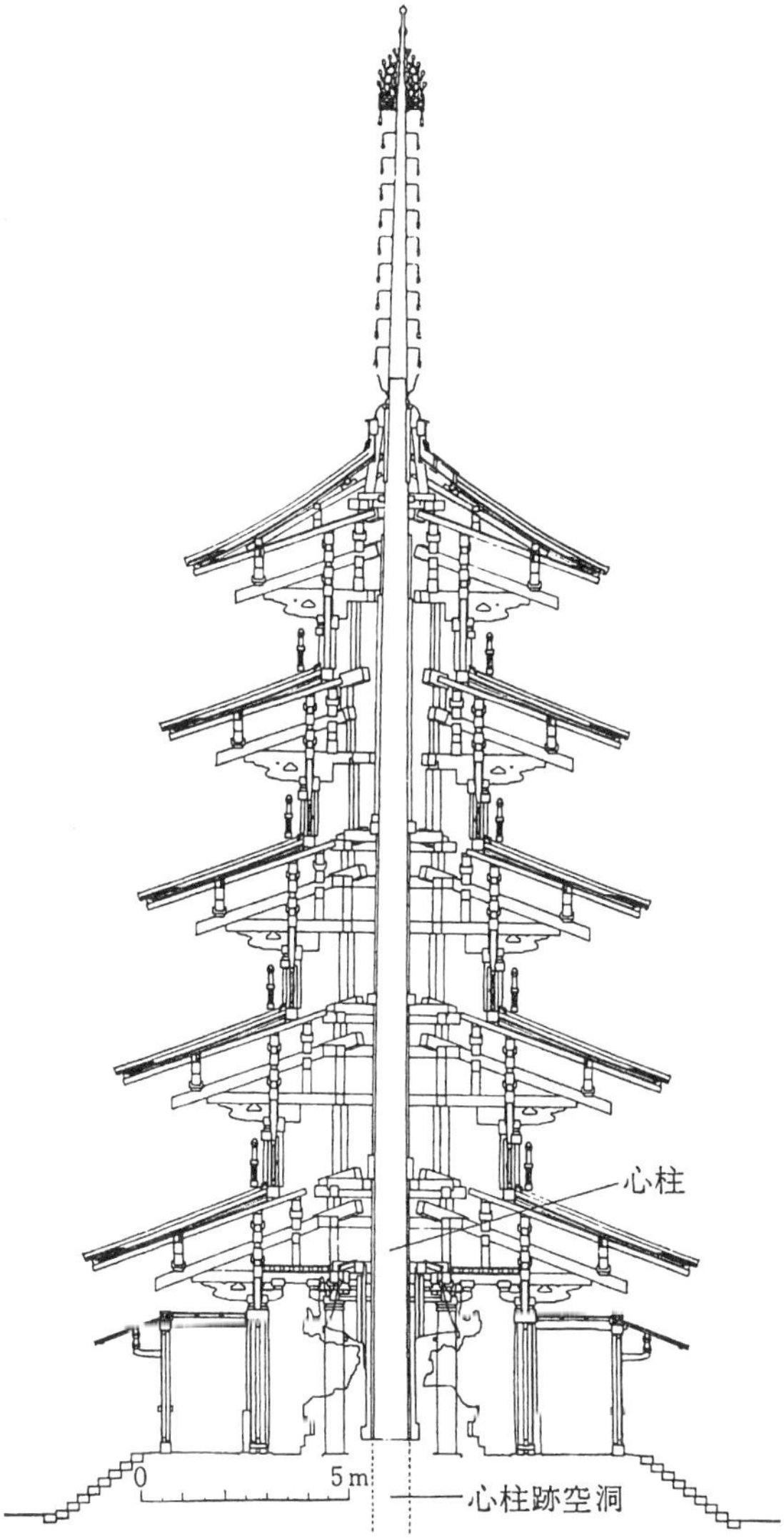

図21　五重塔断面図

	年代	五重柱間/初重柱間	塔身高/初重柱間	総高/初重柱間
法隆寺塔	飛鳥	0.50	3.6	5.1
元興寺小塔	奈良	0.64	3.4	5.6
醍醐寺塔	平安	0.62	3.8	5.8
明王院塔	南北朝	0.71	4.8	6.5
興福寺塔	室町	0.70	3.9	5.8
東寺塔	江戸	0.71	4.2	5.8
日光塔	江戸	0.63	5.2	6.9

五重塔を建てたとき、心柱の下に厚さ六寸の板を敷いておき、瓦をふいて塔身が下がってくるにしたがい、その板を抜いたが、まだ塔身が下がるので、心柱を三、四十人の人夫ではね上げ、下を四寸切ったが、一〇年ほどたつと、また下がって、露盤《ろばん》と伏鉢《ふくばち》の間が四寸あいてしまったというのです。

心柱は途中で接《つ》いでありますが、一本の棒とみていいでしょう。乾燥による多少の収縮はありますが、そう大きなものではありません。ところが、周囲の塔自体は多くの材の積み重ねです。重ね目のわずかのすきまは建てたときよりしだいに上の荷重でなくなり、また横に使った部材は荷重がかかると、圧縮されてつぶれます。また乾燥による収縮も、木材は縦の方向より横の方向の方が大きいのです。わずかずつではありますが、非常にたくさんの材の積み重ねですから、五重全部だとかなりの量になります。心柱が短くならないで、周囲の塔身がそれ以上短くなると、相輪は鉛筆のキャップのように心柱の上にかぶさっているのですから、塔の屋根と相輪との間がすいてそこから雨が入るようになります。それを防ぐため、五重塔を建てたとき、心柱と心礎との間に楔《くさび》を入れておいて、それをはずすことによって心柱を下げるのですが、それ以上に塔身が下がったので、心柱の下を切ることにしたのです。しかし、心柱は重いので、そのままでは鋸《のこぎり》が入りません。それで心柱をはね上げて切ったというのです。心柱をはね上げるのは大仕事です。もし心柱が上から釣ってあるのだったら、いつでも切れます。だんだん下がってくるにつれ、切っていけばいいのです。心柱を釣ったのは、そのためでした。それが結果的に耐震的になったかどうかはわかりませんが、耐震のために釣ったのではなかったのです。

五重塔は上にいくほど、各階の平面の大きさを小さくしています。その縮小の度合いが大きい方が安定感があります。法隆寺の塔では五重の平面は初重のちょうど半分です。また初重の大きさと塔全体の高さの比も安定感の大きな要素であることは説明するまでもないでしょう。年代的に見ますと、後になるほど塔は細長く、安定感が少なくなります。右にその比を年代順にかかげましょう。これを見ると、法隆寺の塔がいかに安定感をもっているかがよくわかります。

中門と回廊

中門《ちゆうもん》は桁行《けたゆき》四間《けん》、梁行《はりゆき》三間、二重の堂々とした門です。飛鳥《あすか》時代には中門は南大門《なんだいもん》より大きく、奈良時代には逆に南大門の方が大きくなります。梁行が三間と建物の奥行が深いのも飛鳥時代の中門の特色で、他の時代にはまったく見られません。中門の方が南大門より重要視されていたのです。これは回廊内に塔と金堂とがあり、この門がいちばん大切な門とされていたためでしょう。

寺を護る金剛力士《こんごうりきし》もこの門にあり、奈良時代になると、塔が回廊外に出るため、金剛力士は南大門に安置され、中門には二天《にてん》（四天王中の二つ）がおかれることになります。奈良時代に南大門が大きくなったのは、平城京内の大寺では南大門が大路《おおじ》に面するため、寺の正面の入口として、寺の偉観を示すため大きくする必要があったものと考えられます。

古代の寺院では南大門と中門はごく近くにあります。法隆寺でも、南大門が今の位置に建てられたのは、平安時代長元《ちょうげん》四（一〇三一）年で、それまでは中門の前、手水屋《ちょうずや》のあるあたり、一段高くなったところにありました。ですから、最初に述べた南大門からみた法隆寺の第一印象はあくまでも平安時代以後のもので、当初のものではありません。しかし、南大門は低い一重の門で、大きさも現在の東大門と同じくらいですから、うしろの中門や、金堂・塔を隠すようなものではありませんでした。

金堂では裳階《もこし》があるために、あまり感じなかったでしょうが、中門の柱間《はしらま》は飛鳥尺《あすかじゃく》で端が七尺、中央が一〇尺です。金堂では六尺と九尺になっています。中央の間《ま》は端の間の、中門では四割強、金堂では五割も大きくなっています。建物はその中心を強調するため、中央の間が端の間より広いのがふつうですが、これほど差のあるものは奈良時代の遺構にはありませんし、発掘遺跡でもまれにしか見られません。

このように端の柱間がずっと狭くなっていると、建物の立面をぐっと引きしめ、建物の独立性を高めます。これにたいして、奈良時代の金堂や中門は、中央の柱間の方が広くなってはいても、端にいくにしたがって法隆寺のものほど狭くならないので、独立性よりも、左右への連続性の方が感じられます。これは金堂へ回廊がつながり、金堂・中門とも、回廊への連続性が意識されたためだと私は考えています。この点は法隆寺の建築の大きな特色の一つです。

中門の正面の柱間は四間です。どんな建物でも正面の柱間は奇数なのが原則ですから、この中門については古来その理由が不思議とされ、いろいろな解釈がされてきましたが、どれも十分納得のいく説明とは考えられません。いまのところは不明だというほかはないでしょう。ただ飛鳥・奈良時代には金堂・塔の上層には偶数間のものがあり、講堂は法隆寺・飛鳥寺・四天王寺など偶数間のものがいくつもありますので、当時は、私たちが思うほど不思議ではなかったと思われます。

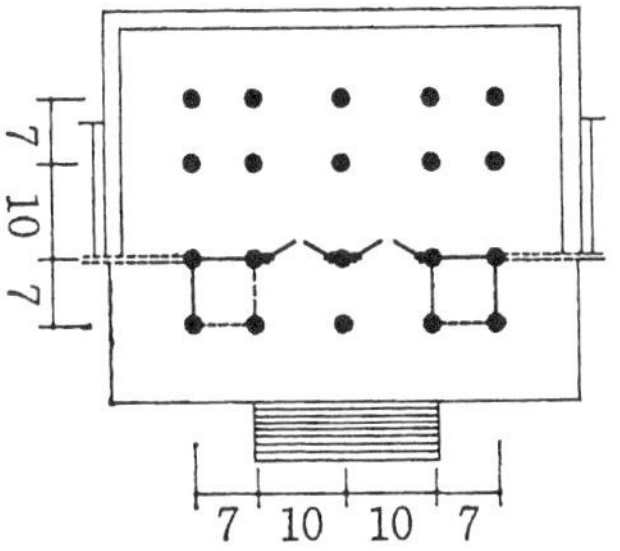

図22　中門平面図

回廊の梁行《はりゆき》は一間で、これを単廊《たんろう》といい、二間のものを複廊《ふくろう》といいます。複廊は中央の柱筋《はしらすじ》が連子窓《れんじまど》となり、内と外の柱間は何もない吹《ふき》放《はな》しです。飛鳥時代の寺院はみな単廊ですが、奈良時代の平城京内の官寺はみな複廊で、地方の寺でも大規模なものは複廊のものもありました。しかし、陸奥《むつ》の多賀城廃寺《たがじょうはいじ》のように、築地《ついじ》で回廊の代わりにしている簡単なものもありました。回廊は細部の部材の形などを除け

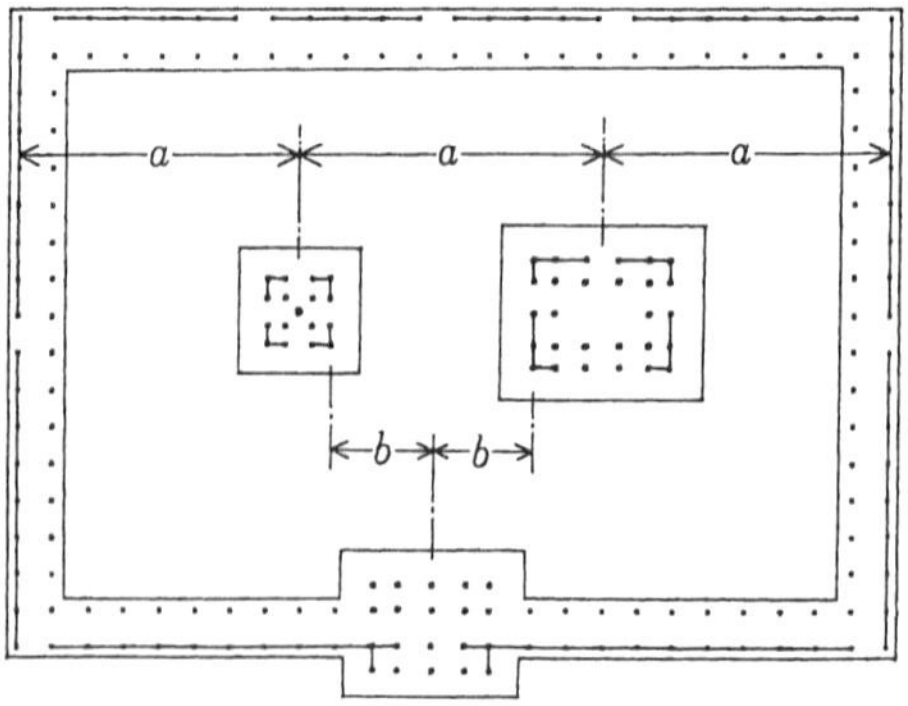

図23　西院伽藍配置寸法

ば、その構造の方式はどこも同じだったでしょう。法隆寺西《さい》院《いん》のものは連子窓が大きく、連子の間のあきもかなりあって、簾《すだれ》をかけたような明快な感じをもっています。

ここで塔・金堂と回廊との配置関係を見ましょう。

金堂の正面幅は塔より大きいので、中門左右の回廊は金堂前の方が一間長くなっています。金堂の中心と塔の中心は回廊東西の外径をほぼ三等分したところにあり、金堂は中門東側から三間目、塔は中門西側から二間目の柱筋にあります。つまり中門中心線からみると、金堂の中心は塔中心より回廊一間分（一〇・五飛鳥尺）外にあります。金堂正面幅は三九飛鳥尺、塔正面幅は一八飛鳥尺で二一尺の差がありますが、その半分が一〇・五飛鳥尺ですから、中門南北中心線から金堂と塔の柱までの距離は等しくなります。このことは金堂・塔の桁行《けたゆき》長さの差の半分を回廊桁行一間の長さとして設計したことを示しています。金堂と塔の中心は回廊南より九間目、北からは八間目で、回廊一間分だけ北によせ、金堂前をそれだけ広くとってあります。

これらは厳密にぴったり現状と一致するものではありませんが、伽藍の計画寸法としては、多分このようなものであったと思われます。

再建非再建論争

法隆寺では古来、伽藍は聖徳太子建立のまま、今日に伝わっているものだと信じてきました。『日本書紀』天智《てんぢ》九（六七〇）年四月三〇日の条には火災のことがはっきり書いてありますが、法隆寺の創立と歴史と財産を記して天平《てんぴょう》一九（七四七）年に寺から朝廷に呈出した『法隆寺伽藍縁起《がらんえんぎ》幷《ならびに》流記資財帳《るきしざいちょう》』にはいっさい、この火災のことが記されていないからです。

ところが、明治になって、歴史学が盛んになるにしたがって、黒川真頼《くろかわまより》博士らにより、『日本書紀』は官選の歴史書であるから、当然これによらねばならず、また平安時代にできた『七大寺年表』という本には「和銅《わどう》年間に法隆寺を造る」とあるから、今の法隆寺は六七〇年に焼けて七一〇年前後に再建されたものだと主張されました。

しかし、法隆寺の建築は、これまでいろいろ述べてきましたように、奈良時代に建てられたと考えられる諸建築とたいへんちがっています。この様式の違いについて建築史家の関野《せきの》貞《ただし》博士や美術史家の平子《ひらこ》鐸嶺《たくれい》氏は、法隆寺の建築様式は、中国六朝《りくちょう》の建築様式が、朝鮮半島を経て日本に伝わったものであるのにたいし、その他の寺の建築様式は中国唐《とう》の建築様式が朝鮮半島を経ることなく、直接日本に入ってきたことによるのだと考えました。そしてその差の生じた時期を遣唐使《けんとうし》が派遣されるようになった時に求めました。もし法隆寺が天智九年に焼けて和銅の再建であるならば、当然その様式は現在奈良で見る多くの奈良時代の建築と同じ様式でなければならないと考えて、非再建論を唱えました。

これにたいし、喜田貞吉《きだていきち》博士は、『日本書紀』は官選の正史であり、その記載を疑うならば、歴史学は成り立たないという基本的立場に立って、天智九年の火災は信ずべきものと強く主張し、非再建論に反対されました。そして芸術史の様式による年代の判定は一つの解釈にすぎず、まず信ずべき文献史料によって各建築の建立年代を定め、それによって様式史を組み立てるべきだと強硬に主張されたのです。

この論争は歴史学と芸術史学の根本問題にかかわるものだったので、広く学界の関心をよぶ大論争になりました。喜田博士は様式については無知だと宣言されましたので、関野博士も様式論は水かけ論になるからといってくわしくふれず、新しい非再建論の根拠を発表されました。それは三六ページにも述べた尺度《しやくど》の問題です。

関野博士は昔の建築は当時の物指《ものさ》しを使って、柱間《はしらま》寸法を何尺というような端数のつかない数で設計したという仮説を立て、法隆寺の建築は現在の曲尺《かねじやく》（一尺は約三〇・三センチ）の一・一七六倍の物指し（飛鳥尺）で測ると端数がつかず、奈良時代の建築は現曲尺の〇・九八倍の物指し（奈良尺）で測ると端数がつかないと述べ、その物指しの変更は大化改新《たいかのかいしん》（六四五年）だから、現在の法隆寺は六四五年以前の建物であり、天智九（六七〇）年に焼けた後に再建したものではないと主張されたのでした。

この論文は様式という主観をまじえたものではなく、数値という客観的なものによっていただけに、一挙に論争に結着をつけたかにみえましたが、法制史家の三浦周行《みうらひろゆき》博士から、尺度が変わったことは事実だが、大化改新で一変したとするのは仮説にすぎないとの反論がでて、再建論は息を吹きかえしました。

この論争は明治三〇年代の終りから、大正年代を通じて両派あい譲らず、対立したままでしたが、非再建論は、『日本書紀』の記載をまったくの誤りとするだけの根拠にかけ、再建論では様式の差を説明するのに苦しみ、火災はあったけれども、その時期は天智九年でなく、推古《すいこ》朝あるいは、皇極《こうぎょく》二（六四三）年の蘇我《そが》氏が斑鳩宮《いかるがのみや》を焼いたときだとする説などもでました。そして南大門《なんだいもん》東方の築地《ついじ》内に巨大な塔の心礎と思われるものがかつてあり、その辺りを若草伽藍《わかくさがらん》と呼ぶ伝承がありましたので、昭和の初めに、関野博士は天智九年に焼けた寺は聖徳太子のために造った釈迦三尊《しゃかさんぞん》（現在金堂の本尊になっている）を安置した寺で、若草伽藍というのがそれであるという折衷説を出され、また昭和一〇年代には足立康《あだちこう》博士が、薬師を本尊とする最初の法隆寺が若草伽藍で、現在の法隆寺は金堂にある釈迦三尊を安置するために、推古三一（六二三）年にできたものという関野説の裏返しの説を出されました。これらはいずれも、法隆寺の天智九年の火災を認め、また法隆寺の建築様式は推古天皇のころだとする様式観をそのままもちつづけようとする、苦心の表われといっていいでしょう。

しかし、昭和一四年、石田茂作《いしだもさく》博士による若草伽藍の発掘は新しい事実を明らかにしました。それは、かつてここにあった心礎が大阪に運ばれていたのを、寺に返した機会に行なわれたもので、塔と金堂の基壇《きだん》の版築《はんちく》（二二三ページ参照）の下の方を発見したのです（上の方はすべて耕作のため、こわされていました）。この塔と金堂の跡は四天王寺のように南北に並び、その軸線は磁北から二〇度も西に傾いていました。現法隆寺伽藍の軸線は西に四度傾いていますので、一六度の差があり、両伽藍が同時に近接して存在していたとは考えにくくなったのです。また、ここから出土する瓦は飛鳥寺や四天王寺と同じく単弁の蓮華文《れんげもん》で、現在の伽藍から多く出る複弁のものとはちがい、一時期古いものであることも判明しました。しかも若草伽藍の軸線は、東院で発掘された斑鳩宮跡と推定される建物跡の方位とも似ていて、創建の法隆寺は若草伽藍がそれであると考えなければならないようになりました。

さらに戦後、金堂の解体修理が進み、金堂の礎石が、もと上面に柱をうける柱座《ちゆうざ》を造っていたものを、おそらく焼損したため、柱座を一部削りとってふたたび用いたと推定されるにおよび、法隆寺はもと若草伽藍の地にあったが、焼けたので、土地を少し西北方に移して再建されたのだと認めなければならないようになりました。

ただし、その再建の時期は初めころの再建論のように、和銅《わどう》までは下らず、火災後まもなく天武《てんむ》・

持統《じとう》朝（六七〇年代から九〇年代）にかけてであろうということになりました。

半世紀にわたる論争は、まだ完全に解決したわけではなく、若干の疑問点は残っていますが、現在の学界の大勢はこのようなところにあります。

この論争で、法隆寺ばかりでなく、法起寺《ほっきじ》、法輪寺《ほうりんじ》はもとより、薬師寺《やくしじ》、東大寺《とうだいじ》、唐招提寺《とうしょうだいじ》などの奈良時代の建築や彫刻に関する研究がいちじるしく進み、古代美術の研究に画期的な発展をもたらしました。そして美術史・建築史の研究には様式的研究と文献的研究とがともに欠くことのできないものであることを、はっきりと研究者に認識させ、学界に大きな進歩をもたらしました。

講堂と鐘楼・経楼

講堂はいま大講堂といわれています。しかしこの名称はごく新しいものなので、ここでは講堂という名で述べましょう。

現在の講堂は、最初の講堂が延長《えんちょう》三（九二五）年に焼け、六五年後の正暦《しょうりゃく》元（九九〇）年に再建されたものです。講堂は天平《てんぴょう》一九（七四七）年の資財帳《しざいちょう》（寺の財産目録）に記載がないので、天智九（六七〇）年に法隆寺が焼けて伽藍が再建中だったため、講堂は天平一九年にはまだできていなかったのだと、再建論の一根拠になっていました。仏壇中から延暦《えんりゃく》一五（七九六）年に鋳造された隆平《りゅうへい》

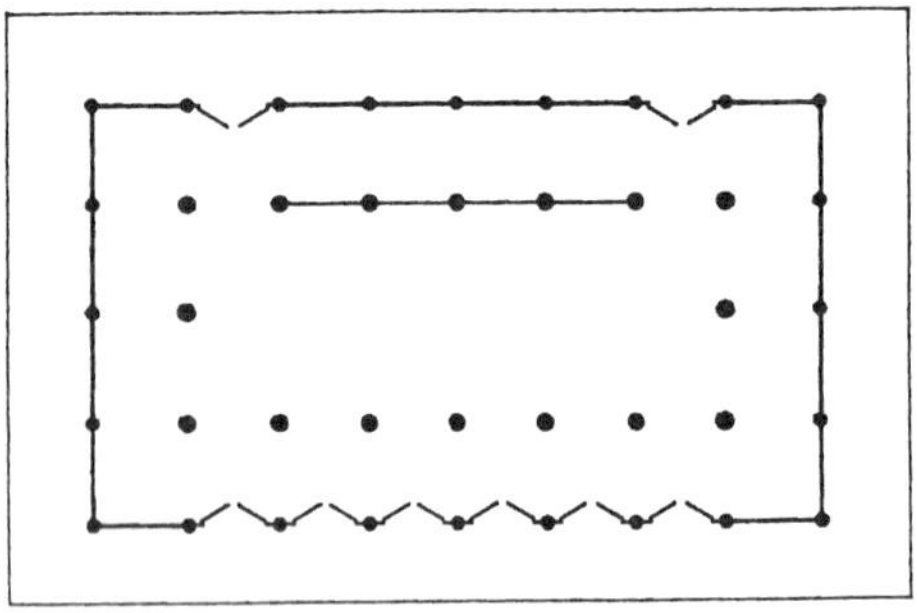

図24　講堂当初の平面図

永宝《えいほう》が出土しましたので、それ以後に建てられたとする説も出されています。しかし、この付近からは奈良時代の瓦も多く出土しますし、資財帳に講堂とほぼ同じ大きさの食堂《じきどう》が載っていますので、資財帳を記録したときには食堂・講堂兼用の建物があり、後に仏壇を築いて講堂専用とし、食堂を別に建てたのだろうとする考え方も有力です。

最初の講堂も、再建のものも、桁行《けたゆき》は八間《けん》でした。いまではお堂で正面の柱間《はしらま》が偶数になっているものはありませんが、飛鳥・奈良時代の講堂は飛鳥寺・四天王寺をはじめ、八間（あるいは六間）のものが八例あり、飛鳥時代だけで見ますと、一六例中五例にもなり、そう珍しいことではなかったのです。

講堂ではお経の講義が行なわれます。ごく古い時代のことはわかりませんが、現存する講堂、たとえば法隆寺・唐招提寺などでは左右に論義台《ろんぎだい》と呼ぶ高い台がおいてあります。これにお坊さんが上がって、問答形式で論義を行なっていたのです。いまでは講堂にも仏像を安置してありますが、初めはなかったのでしょう。ですから、正面のまんなかに柱が立っていても、不都合ではなかったのです。

しかし、講堂が再建されたときには、現在ある薬師三尊《やくしさんぞん》も同時に造られました。それでもまだ正面は八間のままでしたが、これでは都合が悪いので、後に西側に一間つぎたし、桁行九間になりました。

講堂は立ちが高く、ゆったりとして、おおらかな感じをもっています。組物《くみもの》は簡単で、戸口以外はすべて壁です。長押《なげし》は戸口の上だけにしかありません。柱と組物と扉とは丹塗《にぬり》で、壁の白と単純な色彩の対比を示しています。内部は土間で、仏壇は低く、天井は庇《ひさし》が垂木《たるき》をみせた化粧屋根裏《りしょうやねうら》、母屋《もや》が組入天井《くみいれてんじょう》で、たいへんあっさりしています。本尊の薬師三尊も、目を大きく開き、力強さがあり、平安末期の優しいものになっていません。正面の戸口が多いので堂内は明るく、三尊の透《すか》し彫《ぼ》りの光背は、バックの白壁にくっきりと浮かび出しています。この建物と薬師三尊ができた正暦元年は、時代区分でいうと、平安後期、いわゆる藤原時代に属するのですが、建物も仏像も、まだ優美繊細なものにはなっていません。

組物《くみもの》は柱の上に大斗《だいと》をおき、上に肘木《ひじき》をのせて、その上に斗《ます》を三つおいて桁《けた》を支えています。これは斗が三つあるので、三斗組《みつとぐみ》あるいは略して三斗《みつと》といいます。

いちばん簡単な組物は柱の上に肘木をのせただけのもので、これを舟肘木《ふなひじき》といいます。これは住宅や神社には使いますが、本堂ではあまり使いません。

その次のものは、大斗上に肘木をおいたもので、大斗肘木《だいとひじき》といい、法隆寺では東院《とういん》の伝法堂《でんぽうどう》に使われています。

大斗肘木の次が講堂にみる三斗《みつと》で、これは法隆寺では鐘楼《しょうろう》・経楼《きょうろう》・東大門《とうだいもん》など各所で使われていま

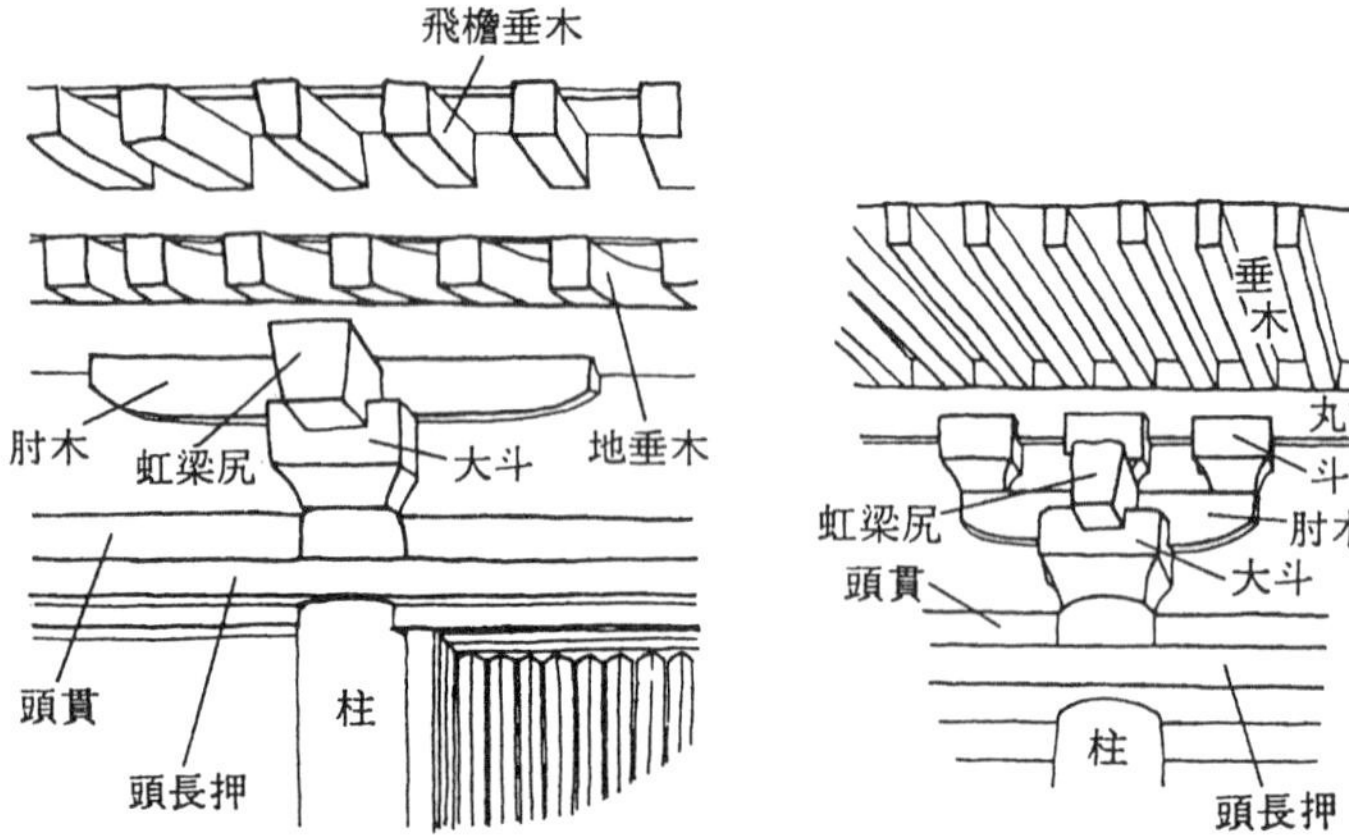

図25　大斗肘木（左）・三斗組（右）

す。ふつう、金堂や塔はこれよりずっと複雑な三手先《みてさき》という形式の組物で、これは薬師寺の東塔や唐招提寺の金堂でみられます。三手先についてはそこでくわしく説明しますが、奈良時代までの金堂や塔はみな三手先だったのです。法隆寺の金堂や塔も、三手先の変形だといってもいいでしょう。

奈良時代の大きな寺の講堂はおそらく三手先だったと思われますが、日本では後には塔だけが三手先で、他の建物、たとえば本堂なども、もっと簡単な組物になっていきました。中国ではずっと三手先が正式の組物として使われ、鎌倉時代に禅宗とともに伝来した中国宋《そう》の様式はみな三手先ですから、この組物の簡略化も、日本化の一つの表われとしていいでしょう。

講堂の前方左右には、西に経蔵（経楼）、東に鐘楼が建っています。どちらも二階建ての切妻造《きりづまづくり》で同じ構造です。これらは二重の建物ですが、初重には屋根をつけず、

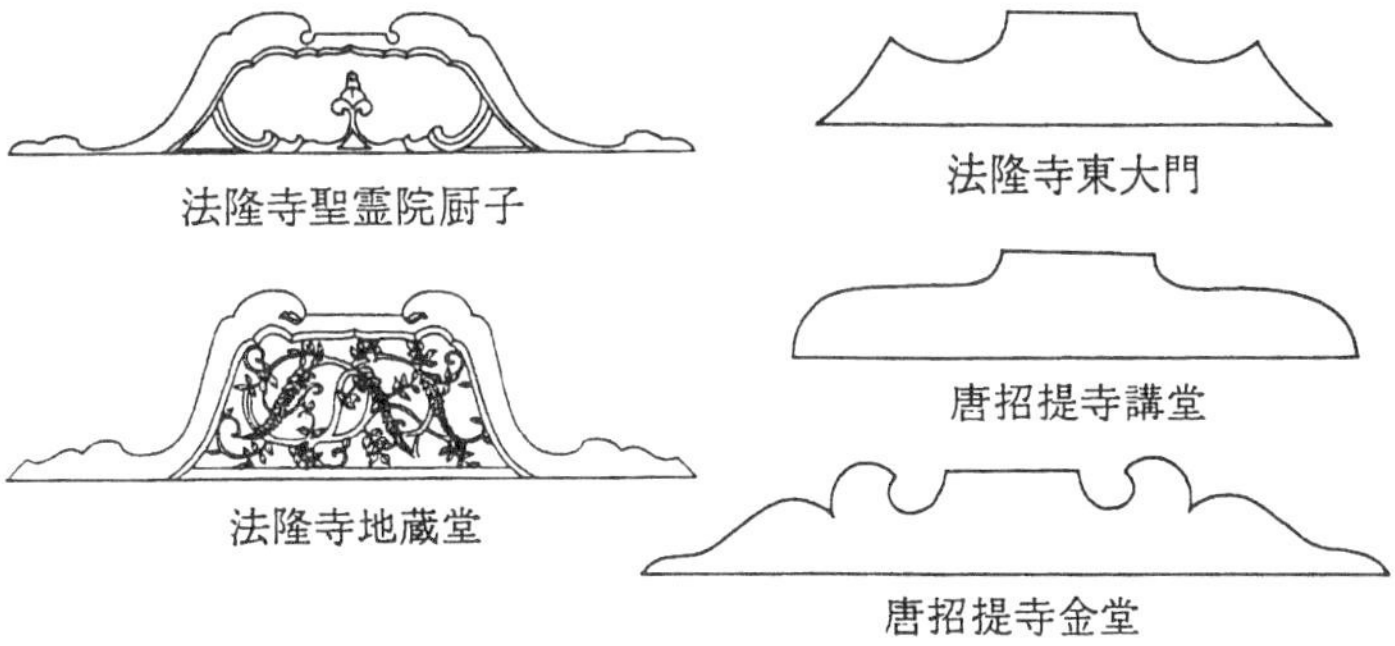

図26　本蟇股（左），板蟇股（右）

二重の回縁《まわりえん》と高欄《こうらん》で上下の区切りをつけています。このように屋根が上に一つだけある二階建ての建物を現在は楼造《ろうづくり》と呼んでいます。

経楼の横に回ってみましょう。側面は柱間《はしらま》二間で、虹梁《こうりょう》が二重になり、それぞれ上に蟇股《かえるまた》をおいています。蟇股というのは、蟇《かえる》が股を広げた形という意味で、聖霊院厨子《しょうりょういんずし》にみるようなものから出た名称です。ふつう組物と組物の間、頭貫《かしらぬき》の上にあって、桁《けた》を支えるものですが、細い二本の材からできていますので、実際には力にはならず、飾りとして用いられています。この足の間には最初はなにもなかったのですが、聖霊院のもののように、中心飾りができ、鎌倉時代の末から南北朝時代にかけて地蔵堂の蟇股のように植物文になり、室町時代の後半には動物も入ってきます。このように蟇の足のように、二本の材から造られているのを本《ほん》蟇股《かえるまた》といいます。

これにたいして、外の輪郭は似ていますが、厚い一枚の板でできているものを板蟇股《いたかえるまた》といいます。厚い板ですから、十分上の荷重《かじゅう》を支えることができ、梁《はり》の上において、上の梁や桁・棟木《むなぎ》などを支える部材です。奈良時代のものは高さが低く、初期のものは比較的単純な輪郭を持っていますが、奈良時代でも少し後になると、輪郭の曲線は少し複雑になります。法隆寺のものは経楼・食堂・東大門・伝法堂など、みな単純な輪郭ですが、唐招提寺金堂のものは少し複雑になっていますので、見くらべてください。

二重虹梁にならないときは、棟木を支えるために高さの高いものが必要になり、せいの高いものが造られます。小規模の門や回廊などに使われた板蟇股がそれで、法隆寺でも子院の門や東院の西門(四脚門)・回廊などに見られます。

虹梁を二重にし、板蟇股を用いたものは、どこも同じような形式で、桁や棟木を支えるための構造がそのまま外に出ているのです。このように、架構《かこう》それ自体を外に現わして飾りともするのは、古代の建築の特徴といっていいでしょう。これを二重虹梁蟇股式といって、奈良時代に好んで用いられた妻飾《つまかざ》り形式です。法隆寺ではこの鐘楼・経楼のほか東大門・伝法堂などにも見られます。

鐘楼と経楼とをくらべてみてください。まったく同じ平面の大きさ、同じ柱の高さ、同じ構造なのに、感じが少しちがうでしょう。経楼は奈良時代の建物で、鐘楼は講堂が火災にあった平安時代に焼け、同じころ再建されたものです。そのため個々の部材の曲線の性質もちがい、そこから出てくる感じもちがうのですが、それより大きいのは、軒の反《そ》りと、窓・戸口の大きさです。鐘楼の初重の戸口は低く、そのため、戸口の上が少し間がぬけて見えます。二重の連子窓《れんじまど》は鐘楼のはせいが高く、経楼のは低く造られています。また軒反りは経楼の方が大きく、反りは中央近くからはじまっています。これらのため、経楼の二重の方が軽く見えるのです。鐘楼は鐘をつくため二重の中央の間《ま》があいているので、そのためもありますが、建築の美しさは、各部のほんのわずかの違いで変わってくることが、これでよくわかるでしょう。

なお鐘楼は東院にもあります。この建物は平安時代の終り応保《おうほ》三（一一六三）年に造立され、鎌倉初期に大修理が行なわれて部材は大部分この時のものになっています。鐘楼は西院鐘楼のような楼造りが古い形式ですが、下にスカートのような覆いをつけたものもあり、鎌倉時代以後、多く用いられました。これを袴腰《はかまごし》つき鐘楼といい、東院鐘楼はこの種の鐘楼として最古のものです。

西院の諸建築

法隆寺には全部で四九棟（うち国宝一九）の古建築があります。全部は説明できませんので、ふつう拝観のとき外部だけでも目にふれるものについて、簡単に述べておきましょう。

聖霊院《しょうりょういん》　回廊の東側、南面して建つ、切妻造、妻入の建物です。東室の南半を保安《ほうあん》二（一一二一）年に聖徳太子をまつる堂として改築したもので、現在の建物は弘安《こうあん》七（一二八四）年の再建です。

この建物は切妻造の妻を正面とし、吹放しの広庇《ひろびさし》（孫庇《まごびさし》で吹放しのもの）をつけているので、入母《いりも》屋造《やづくり》のように見えます。広庇は角柱《かくばしら》で、床を一段低くし、正面に蔀戸《しとみど》（板を挟んで内外に格子《こうし》を組み、上から釣った戸）を入れています。このあたりの姿は寝殿造《しんでんづくり》の東《ひがしの》（西）対《たい》とそっくりで、これによって、寝殿造対屋《たいのや》の形を実際に見ることができます。

内部正面には造りつけの厨子《ずし》を造り、聖徳太子の像をまつっています。この厨子の屋根につけられた唐破風《からはふ》は、現存最古のもので、またその流麗な線によって、もっとも美しい唐破風とされているものです。唐破風というのは反転曲線をもった破風で、門や回廊の屋根、建物の入口の上部の軒先などに平安時代から好んで用いられ、絵巻によく出てくるもので、この形の屋根をもった門を唐門《からもん》といっています。

唐破風《からはふ》は時代が下ると、しだいに曲率が強くなり形が悪くなります。東大寺大仏殿の唐破風とくらべてみてください。

なお、聖霊院厨子の唐破風の下の蟇股《かえるまた》も、鎌倉時代を代表する美しい蟇股の一つです。

東《ひがし》　室《むろ》　聖霊院の北にある長い建物で、東僧房《ひがしそうぼう》に当たり、最初は桁行《けたゆき》一八間《けん》だったのですが、南六間を聖霊院とし、次の二間（図27の下二間分）は通り抜けられるように馬道《めどう》（建物のうちを土間の通路としたもの）として、残りの一〇間分に床《ゆか》を張っています。僧房は時代とともに僧房としての機能が失われ、種々改造されてきましたので、後世の手の入ったところが多いのですが、連子窓《れんじまど》と扉とが交互に用いられているのは、この二間で一単位となっていたことを示しています。僧房には桁行二間を一単位とするものと、三間を一単位とするものとの両者があり、法隆寺は前者に、東大寺・唐招提寺などは後者に属しています。内部は中央に暗い大きい部屋（図27のⒶ）をとり、両側に小部屋と通路をつくった形で、一部、昔の通り復原されています。

このすぐ東側に立つ妻室《つまむろ》という細長い建物も昔の僧房の一つで、小子房《しょうしぼう》といわれたものです。奈良時代の僧房は梁行《はりゆき》四間の大房《たいぼう》と、梁行二間の小子房とが平行して造られるのが通例で、大房と小子房とは柱筋が通り、間の中庭も各単位房ごとに仕切り、大房には身分の高い僧が、小子房には従者が住み、日常生活の雑用の場としていました。大房の遺構は法隆寺のほか、元興寺、唐招提寺にも見られますが、小子房が残っているのはここだけです。妻室は東室の桁行二間分を一房としますが、三分して戸と窓にしていますので、扉・窓・窓で一房分となります。この建物は資財帳に記されていませんので、天平《てんぴょう》一九（七四七）年にはまだなかったと考えられますが、まもなく造られたのでしょう。

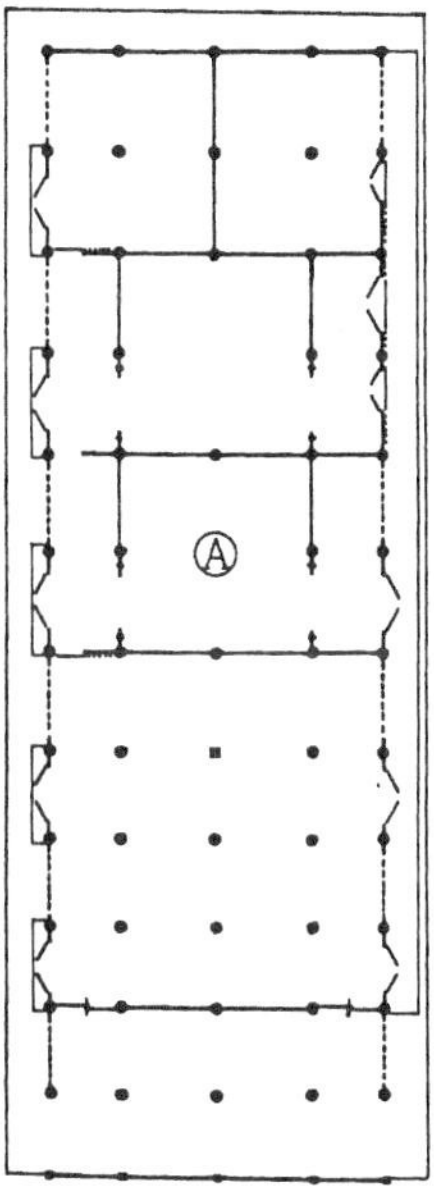

図27　東室平面図

綱《こう》封《ふう》蔵《ぞう》　妻室の東にある高床《たかゆか》造《づくり》の建物が綱封蔵で、現在の大法蔵殿《だいほうぞうでん》ができるまで、宝物《ほうもつ》はみなこの蔵に納められていました。綱封というのは寺の三綱《さんごう》（上座《じょうざ》・寺主《じしゅ》・維那《いな》）が管理していたもので、天皇による勅封に次ぐものです。勅封の倉はどこにでもあったというわけではありませんので、綱封の倉が寺でいちばん重要な倉であったのです。

この倉は左右に同形同大の倉を二棟建て、上に一連の屋根をかけたもので、双倉《ならびぐら》という形式です。東大寺正倉院の倉も双倉でしたが、できてまもなく、中間の空いたところもふさいで倉としましたので、双倉の形は見られなくなっています。

この綱封蔵は礎石の上に束《つか》を立て、台輪《だいわ》という厚い盤をおいてその上に角柱《かくばしら》を立て、柱間《はしらま》に板をおとしこみ外に壁を塗ったもので、東大寺や唐招提寺に残っている校倉《あぜくら》とは構造がちがいます。資財帳によりますと、法隆寺には七棟の倉がありましたが、この倉は各部の技法からいって、平安時代のものとみられますので、奈良時代のものではありません。しかし、中央部を吹抜けとする双倉としてただ一つの遺構です。この吹抜けの部分は、宝物を出し入れするとき、ここで整理をするための場所と考えられます。

食堂《じきどう》・細殿《ほそどの》 綱封蔵の東北に南面して建つ二棟の切妻造《きりづまづくり》の建物がこれです。後ろの建物は食堂と呼ばれていますが、資財帳に記された食堂とは大きさがちがい、むかしの食堂ではありません。寺院では堂塔伽藍のほかに、衆僧《しゆうそう》の生活に必要な各種の建物がありました。寺の事務をとるところを政所《まんどころ》あるいは大庁《だいちよう》・庁舎《ちようのや》などと呼んでいます。この建物の寸法は資財帳に記す「政屋」と一致し、その「政屋」は前に細長い建物を付属させていますので、これは奈良時代の政所とみていいでしょう。細殿（細長い建物の意）は鎌倉時代の再建ですが、政所の遺構は他にありませんので貴重です。

両者とも切妻造で、妻に二重虹梁の構架をみせています。このように、桁行《けたゆき》の同じ建物を前後二棟建てたものを双堂《ならびどう》といい、奈良時代にはかなりありましたが、遺構としてはこれと、東大寺法華堂《ほっけどう》があるだけで、法華堂の方は屋根を改造しているので、当初の姿とはかなり変わっています。

玉虫厨子《たまむしずし》　食堂の東南には昭和一四年に建った大宝蔵殿《だいほうぞうでん》があります。もと綱封蔵や金堂にあった彫刻・宝物類が陳列してありますが、建築として見落とせないものに玉虫厨子があります。

玉虫厨子は推古《すいこ》天皇の御物《ごもつ》と伝えられるもので、その真偽のほどはわかりませんが、七世紀のものであることは確かです。各所に打たれた飾り金具の下に玉虫の羽根があるので、この名があります。

この厨子は、台座に描かれた絵画や飾り金具の文様《もんよう》などでも貴重な宝物ですが、数少ない七世紀の建築の形を伝えるものとして重要です。

また、この厨子の屋根の途中には段がついています。これは切妻造《きりづまづくり》の四方に庇《ひさし》がついて入母屋造《いりもやづくり》ができたことを示す例といえるでしょう。このような形の屋根を錣葺《しころぶき》といっています。兜《かぶと》の錣《しころ》のようだという意味です。

組物《くみもの》は金堂や塔と同じような雲斗《くもと》雲肘木《くもひじき》です。この正面、中央よりの組物は建物の壁から斜めに出ています。従来、これは工芸品だからこのような形ができたのだと考えられていましたが、正面の組物と背面の組物とを緊結しなかった飛鳥時代では、実際の建物でも、斜めに組物を出すこともありう

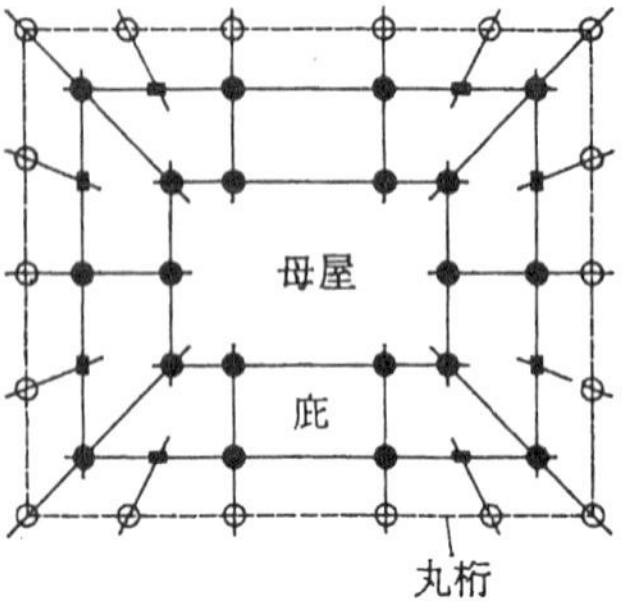

図28　山田寺金堂平面図

るのと、山田寺金堂の発掘で、内方の柱間が狭く、外方の柱間の広い建物があったことがわかり、玉虫厨子のような組物もあったのではないかと推測されるようになりました。

もう一つ金堂や塔と違うのは、垂木《たるき》が丸垂木《まるだるき》で反《そ》っていることです。この点は中国の様式をそのまま伝えたものといえましょう。

東大門《とうだいもん》・南大門《なんだいもん》　東院に向かう東向きの門が東大門です。寺の周囲は築地《ついじ》で区画され、四面に門を開いていました。四面のうちで重要な門を大門《だいもん》といい、方角を冠して南大門、東大門というように呼びます。

この東大門はどこからか移してきたもので、もとは南向きの門でした。解体修理のとき発見された部材の番付けからそのように判定できたのです。法隆寺の南築地は今あるところではなく、手水屋《ちょうずや》のある一段高いところにありました。したがって、現在の東大門は、そのすこし南にありますから、築地が南方に移ったとき、ここに移建されたのでしょう。

東大門は桁行三間です。梁行《はりゆき》の中心の柱の前後に四本ずつ八本の柱がありますので八脚門《はっきゃくもん》という形式です。ふつうはこの八脚門がいちばん格が高いのですが、平城京の諸大寺はもう一回り大きい、桁行五間の南大門が造られました。桁行三間の門は中央一間が戸口、五間の門は三間が戸口ですから、それぞれ三間一戸《さんげんいっこ》、五間三戸というように呼びます。

八脚門より格の低いのは親柱の前後に二本ずつ柱がある四脚門《しきゃくもん》で、四足門《よつあしもん》ともいいます。東院の西門などがそれに当たります。その下は親柱二本だけの棟門《むなもん》で、築地にあけられた子院《しいん》（本寺に所属する小寺院）の門がこれです。同じ親柱二本でも屋根がふつうの切妻造でなく、反転曲線をもったものがあります。それを唐門《からもん》といい、南大門を入って左側の寺務所の門がこれです。唐門の方が棟門より少し上等の部類に入るのでしょう。唐門の最古の遺構は伝法堂《でんぽうどう》の北にある北室院《きたむろいん》表門《おもてもん》（室町時代）です。もう一つ下のものは門の上に板をおいて土をのせた上土門《あげつちもん》です。絵巻にはよく描かれていますが、現存のものは二つしかなく、南大門を入って左側の西園院《さいおんいん》上土門がその一つです。ただし、上は土ではなく、檜皮《ひわだ》で造ってあります。

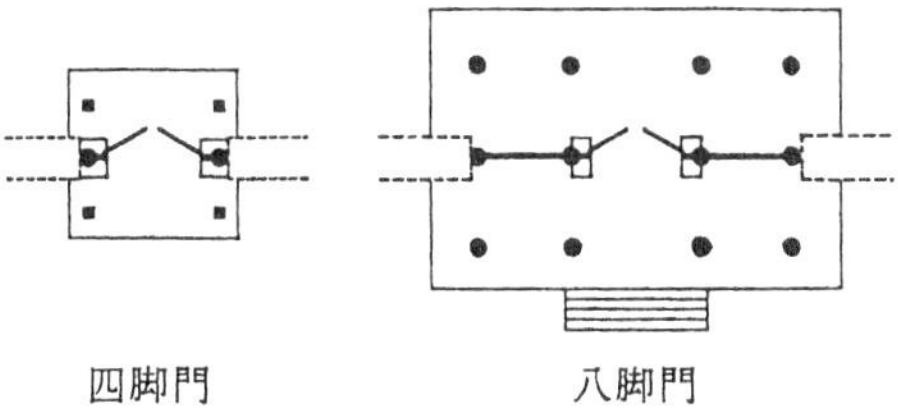

図29　八脚門・四脚門平面図

東大門のなかを見ますと、天井はなく、垂木を見せた化粧屋根裏《けしょうやねうら》で、内外それぞれ山形になっています。逆W型といった方がわかりやすいでしょう。この形式の天井を二棟《ふたむね》といったのですが、鎌倉時代の中ごろ以後は三棟《みつむね》といっています。下から見える化粧屋根裏は内外にそれぞれ一つの棟《むな》木《ぎ》をもち、さらに中からは見えませんが、上にもう一つ棟木があるので、三棟造というのです。東大門も架構は二重虹梁蟇股式《にじゅうこうりょうかえるまた》です。

元へ戻りますが、最初に入った南大門も八脚門です。帰りにちょっと見てください。この門は切妻造でなく入母屋造です。同じ八脚門でも東大門より上等にしてありますます。南大門は中門のすぐ前にあったのを、長元《ちょうげん》四（一〇三一）年ここに移して新しくし、現在のものは永享《えいきょう》一〇（一四三八）年の再建ですから、このとき、入母屋造に改めたのでしょう。南大門での見所は組物と組物の間の中備《なかぞなえ》に用いられた花肘木《はなひじき》（複雑な曲線をもった肘木）や、頭貫《かしらぬき》の先端にある木鼻《きばな》です。全体としてゆったりとした品格のある門で、このような装飾的細部がたいへん効果的に使われています。

東院伽藍

東大門を出ると、広い道がまっすぐ東に向かっています。正面には東院の西門と築地《ついじ》が、そしてその向こうには夢殿《ゆめどの》の華麗な露盤《ろばん》・宝珠《ほうじゅ》が見えます。道の左右の築地は子院を囲むもので、なかごろ左がわの宗源寺《そうげんじ》四脚門《しきゃくもん》は軽やかな屋根をもった鎌倉時代中期の四脚門で、四脚門の遺構としては、ごく古いものの一つです。

東院は法隆寺の僧行信《ぎょうしん》が、聖徳太子の跡が荒廃しているのを嘆き、天平《てんぴょう》一一（七三九）年に創立したものです。はじめは法隆寺とは別の寺としての組織をもっていましたが、平安時代の中ごろ（一一世紀）から法隆寺の中に入って、一つの寺として経営されてきました。

創立されたときは南門を入ると中門があり、中門から出た回廊は夢殿を囲んで北で閉じ、その北に太子関係の宝物《ほうもつ》を納めた建物があり、その後ろに伝法堂《でんぽうどう》がありました。このような建物の配置は昭和九年以来の修理に際し、発掘の結果確かめられたものです。

昔、聖徳太子が斑鳩宮にいてお経の勉強をしていたとき、わからないところがあると、夢に仏さまが出てきてその疑問点を教えてくれたので、その建物を夢殿と呼んでいたといいます。それで行信が東院を建てたとき、東院の中心の建物を夢殿と名づけたと伝えられています。

夢殿は八角の建物です。中国では八角形平面の建物は珍しくありませんし、円形の建物もあります。石造や煉瓦造ならむずかしくありませんが、木造で円形平面を造るのは困難なので、円形の平面は日本では多宝塔《たほうとう》と呼ばれる二重の塔の二階にだけあって、ほかにはありません。それで八角のものを八角円堂と呼んでいます。法隆寺の西円堂《さいえんどう》、興福寺の北円堂《ほくえんどう》、南円堂《なんえんどう》など、円堂という名がついているのは、八角で円を表わしたとい

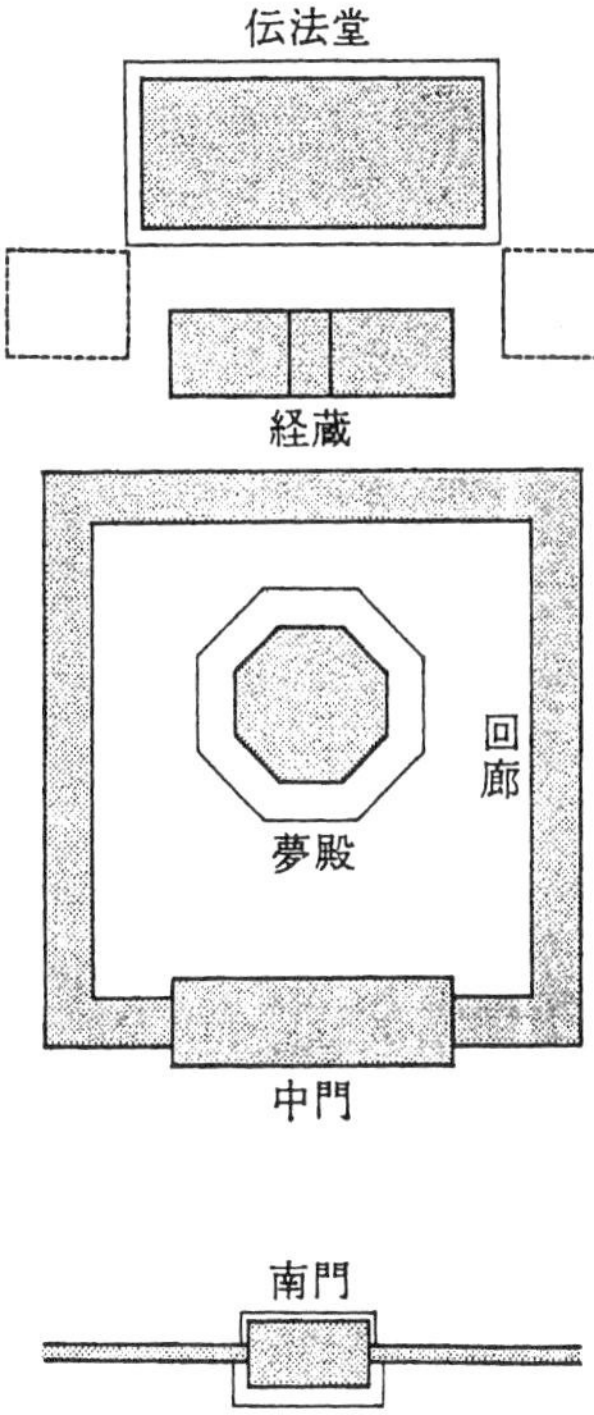

図30　伽藍復原図

うことなのです。

八角円堂はこれらのほか、奈良県の南方にある五条市の栄山寺《えいざんじ》八角堂があります。これらの円堂に共通していることは、だれかの供養のために建てたということです。それはお墓ではありませんが、似たような性格をもっていたのです。塔はお釈迦《しゃか》さんの墓ですから、八角円堂は塔に近い性格だといってもいいでしょう。ですから、この夢殿は本尊をまつる金堂と塔とをいっしょにしたようなものなのです。

中門は桁行《けたゆき》が七間という大きな門です。これくらいのお寺なら三間がふつうです。それを七間にしたのは、この建物が本尊礼拝のための礼堂《らいどう》としての意味をもっていたからでしょう。鎌倉時代に再建したときは、建物も門でなく堂として造られ、名も礼堂と呼ばれています。このことは、最初中門だったときも礼堂的用途に用いられていたからでしょう。

中門は、回廊の正面にあけられた門ですが、中門と回廊は儀式のときの人の座としての機能ももっていたのです。法隆寺や飛鳥寺の中門が梁行《はりゆき》三間に造られているのは、このような意味からだったのでしょう。

回廊と夢殿との関係は図のようになっています。夢殿の直径は回廊東西の内径の三分の一です。夢殿は回廊の中心にあるのではなく、北によっています。回廊と夢殿との間は、北では回廊の梁間《はりま》だけ狭く、南では回廊の梁間だけ広くなっています。

回廊の後ろには細長い建物があり、ここに聖徳太子関係の遺品を納め、経蔵とも呼ばれていました。その北にあるのが講堂で、伝法堂といいます。東院の資財帳でみると、夢殿と伝法堂とが瓦葺《かわらぶき》で、その他の建物は檜皮葺《ひわだぶき》です。これに対応するように、夢殿と伝法堂は礎石の上に立ち、その他は掘立《ほったて》柱《ばしら》でした。掘立柱は仏教建築渡来以前の構造法ですから、寺院ではすべて礎石を用いていたと考えられていましたが、東院の発掘調査で、必ずしもそうでないことが明らかになりました。新しい建築技術が伝わってからも、古来の構法がそのまま残っていたのです。

東院は貞観《じょうがん》元（八五九）年に修理が行なわれています。創立から一〇〇年以上たったので、掘立柱の根元が腐《くさ》ったのでしょう、このとき、柱の根元を切って礎石を入れています。さらに鎌倉時代に大修理があり、すべて礎石上に建つ瓦葺の建物に変わり、経蔵は前方に一間広げ、回廊をその部分に接続させ、また中門の桁行を狭め、梁行を広げ、すべて今見るような形となりました。太子の遺品を納めていた経蔵には平安時代、延久《えんきゅう》元（一〇六九）年に聖徳太子の伝記が描かれましたので、鎌倉時代に旧材を使って再建されてからは、東半分を太子所持の舎利《しゃり》をまつるので舎利殿、西半分は太子の絵伝《えでん》があるので絵殿《えでん》と呼び、あわせて舎利殿絵殿といっています。

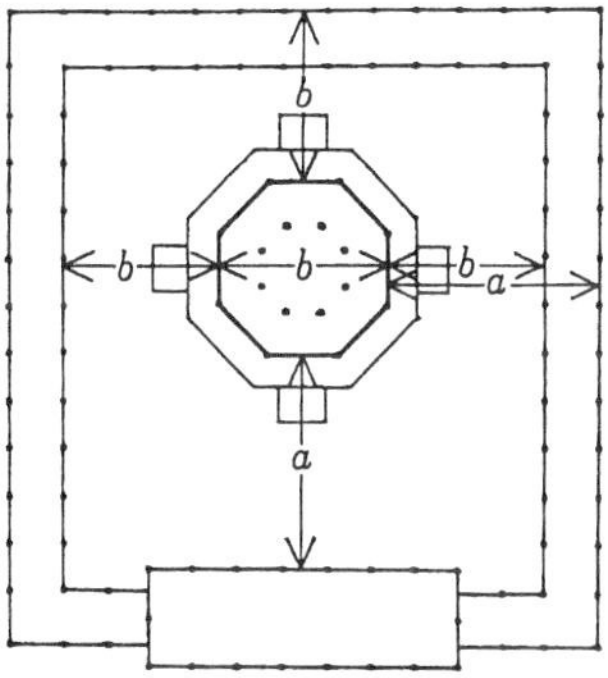

図31　夢殿と回廊の関係

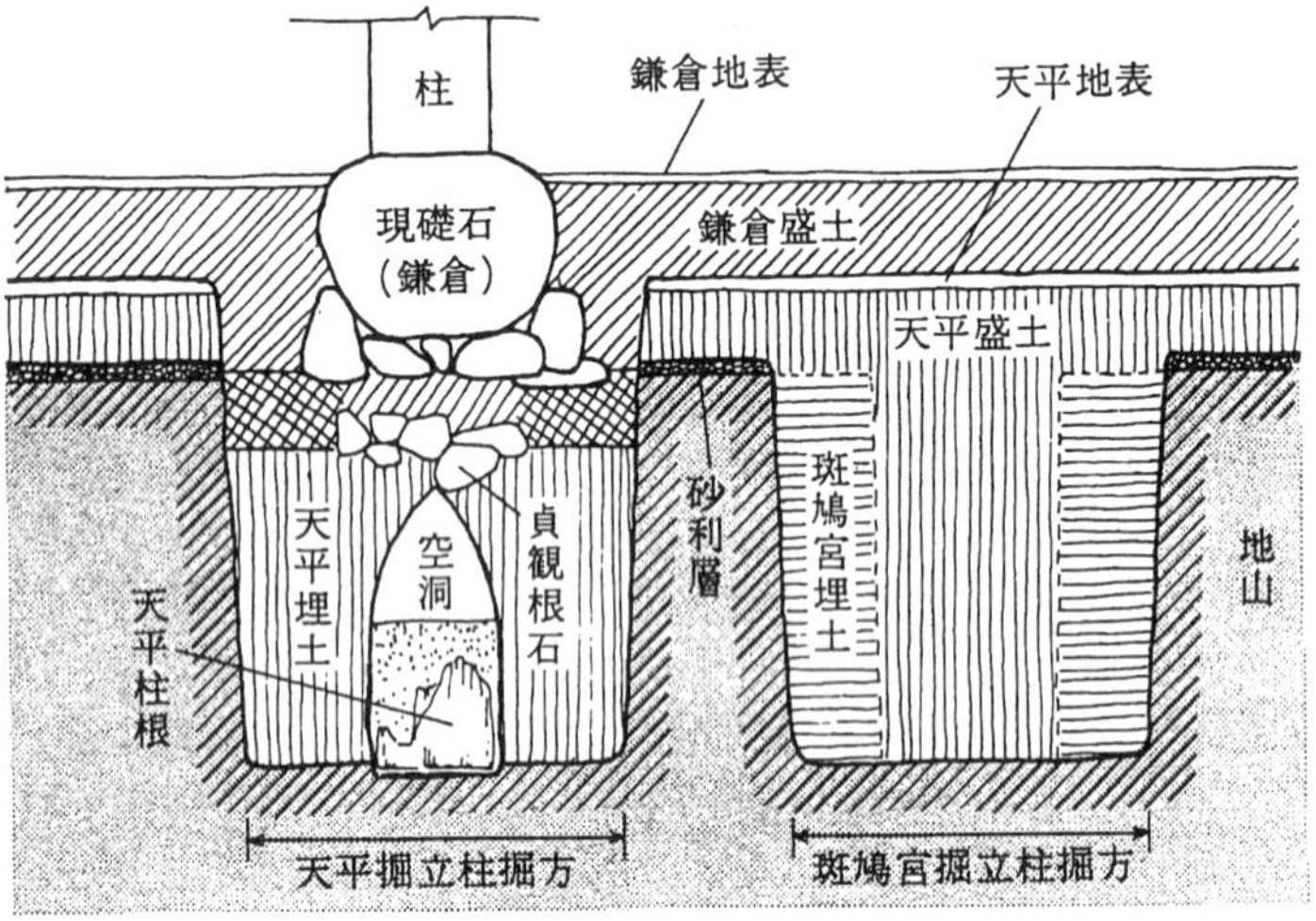

図32　舎利殿下の遺構

この建物を修理したとき、すでに礼堂・回廊の下から掘立柱の柱の根が発見されていましたので、これまでよりいっそう入念な調査が行なわれました。鎌倉時代の礎石をのけると、下に土の軟らかいところがあり、そこを掘ると、径三十数センチの空洞がありました。そしてその下の方に昔の柱の根元があったのです。掘立柱が地表に近いところで腐ったので、そこで切って、礎石をおき、柱を立てていたのですが、切られた柱の下の方は常水面下にあったので腐らずに残り、上の方はしだいに腐ってそこが空洞になっていたのです。その周囲の土はいろいろなものが混ざり、自然の地山《じやま》ではなく、一メートル角、深さ一メートルくらい掘ったあと、柱を立てて埋めたものであることが、はっきりしました。

このように、奈良時代の掘立柱の立て方がわかりましたので、下から柱根が出なくても、この掘った穴を見つけることができれば、昔の建物の柱の位置がわかることになったのです。

この成果をもとにして、伝法堂の建っている下も調べたところ、そこからたくさんの掘立柱を立てた穴がみつかりました。そしてその穴をつなぐと、方位が磁北より約一二度西に振れていました（伝法堂は約三度）。伝法堂の下から出たのですから、その建物はもちろん天平一一年より前のものです。そして、またそこからは壁土の焼けたものも出ました。そうなると、その建物の跡は皇極《こうぎょく》二（六四三）年に焼けた聖徳太子の斑鳩宮《いかるがのみや》に当たると推定して、まず間違いないだろうということになります。古代の宮殿遺跡が初めて発見されたのです。ただ発掘されたのはごく狭い地域なので、これが斑鳩宮のどの部分に当たるのかはわかりません。

これは口でいえば簡単ですが、物を探すのでなく、土と土とを掘り分けるのですからたいへん困難で、根気の要る仕事でした。この調査法を発見し、確立したのは調査主任の浅野《あさの》清《きよし》博士です。そしてこのような調査法により、戦後、多くの建築遺跡の発掘が進められています。

夢殿と伝法堂

夢殿は東院の金堂に当たるもので、まえに述べましたように、塔も兼ねたものでしょう。本尊は有名な救世観世音菩薩《くせかんぜおんぼさつ》で、聖徳太子等身の像と資財帳に記されている像です。長いこと秘仏として拝することが許されませんでしたが、明治以来、年に二回、春秋に開扉されます。いまは厨子《ずし》に入っていますが、もとは四方に帳《ちょう》を垂れて、その内に安置されていました。

夢殿は奈良時代に建てられたのち、たびたび修理をうけて今日に至りましたが、鎌倉時代の修理で大きく改造され、現在の形は鎌倉時代のものです。

このとき、柱の根元を切り、上に組物を加え、庇柱《ひさしばしら》上と母屋柱《もやばしら》とをつなぐ虹梁《こうりょう》を一段まして二本にしています。軒の出はもと二・一メートルだったのを、二・八メートルに延ばし、屋根の傾斜を強くしています。軒の出は一般に奈良時代のものより、中世のものの方が長くなっています。これは雨の多い日本では、雨が壁に当たるのを防ぐため長くするようになったのだと思われます。軒の出を大きくするために、飛檐垂木《ひえんだるき》の出を大きくしています。

軒の出を大きくすると、それだけ軒先の荷重《かじゅう》が大きくなりますので、それに耐えるような構造を考えなければなりません。そのためには垂木を太くすればいいのですが、三メートルにも近い軒の出を垂木だけでもたすことはできません。これが可能になったのは、次のような構法が考えられたからです。

奈良時代の屋根は垂木の上にすぐ瓦をふいていました。垂木勾配《こうばい》がそのまま屋根の勾配になるのですから、雨の多い日本では垂木の勾配を急にしなければなりません。軒先の垂木の勾配が急ですと、軒先はそれだけ低くなり、建物が重苦しく見えます。それで、下から見える軒先の垂木の勾配は緩《ゆる》くし、それとは別に、その上にまた別の急勾配の垂木を造ることを考えました。下から見える垂木の勾配は緩くても、屋根勾配は上の垂木で急になるので、雨漏《あまも》りの心配はありません。この上の垂木を野《の》垂木《だるき》、下から見える垂木（地垂木《じだるき》・飛檐垂木）を化粧垂《けしょうだる》木《き》といい、化粧垂木より上の構造を野小屋《のごや》といいます。化粧というのは外から見えるもの、野というのは隠れていて外から見えないものをいうのです（図33）。

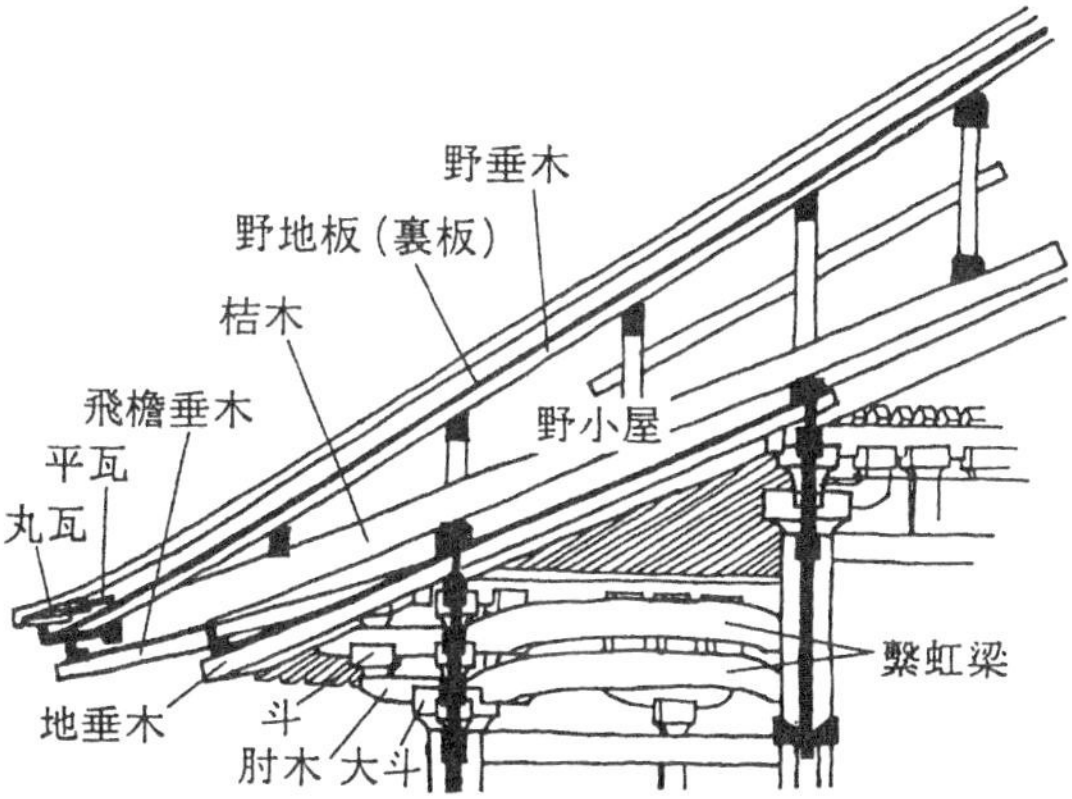

図33　夢殿の軒

化粧垂木と野垂木との間にあいたところができます。それでその空間を利用して太い材を入れ、軒先をはね上げるようにします。これを桔木《はねぎ》といって、中世以後の建築ではみなこれを使って軒先の垂れ下がるのを防いでいます。野小屋は正暦《しょうりゃく》元（九九〇）年再建の西院講堂に造られていますが、桔木の使用は夢殿の寛喜《かんぎ》二（一二三〇）年の大修理の例がいちばん古いものです。

このような構造的な進歩はありましたが、夢殿はこの大改造によって、奈良時代の軽快な姿から、鎌倉時代の重厚な形に変わりました。

なおこの建物の庇柱《ひさしばしら》と母屋柱《もやばしら》との間隔を調べると、柱底より柱頂の方が三・六センチほど狭くなっています。これは目で見てはわかりませんが、庇柱が内方に傾いているからです。この技法を「柱の内転《うちころ》び」といい、中国では後まで行なわれている技法です。日本ではその確実な例は法隆寺金堂・塔の裳階《もこし》、薬師寺東塔、栄山寺《えいざんじ》八角堂、和歌山の根来寺《ねごろじ》多宝塔などに見られるだけですが、中国の技法をいかに細かい点まで伝えたかがわかる点で貴重な例といえましょう。

夢殿の方は鎌倉の修理で根本的な改造が行なわれましたが、伝法堂《でんぽうどう》の方は、窓や出入口に大きな変更があった以外、全体の形としてはそう大きな変更はありませんでした。しかし、細部はかなり改造されていましたので、窓や出入口は精細な調査によって奈良時代の手法に復原されています。他の奈良時代の建物は中世以後の改造された手法のままになっているものがほとんどですが、伝法堂は復原の結果、奈良時代の工法を見られる点でたいへん貴重です。しかし、これらの工法はあまり専門的になるので略し、すぐ目につきやすい点について述べましょう。

伝法堂の美しさは切妻造の側面によく表われています。この建物は、桁行《けたゆき》七間、梁行《はりゆき》二間の母屋の前後に庇をつけた平面で、昔の記法なら「七間二面」と記すところです。柱上の組物は大斗《だいと》をおき、上に肘木《ひじき》をのせて、すぐ桁を支える大斗肘木です。母屋の柱上には二重虹梁蟇股《にじゅうこうりょうかえるまた》が組まれ、桁や棟木《むなぎ》をうけ、母屋柱と庇柱上の組物とは繋虹梁《つなぎこうりょう》で連結され、ここにも蟇股をおいて桁を支えています。

すでに経楼でも見た架構の造り方で、奈良時代に好んで用いられた手法ですが、各部材のバランスがよく、妻の形としていちばん美しいものといえます。破風板《はふいた》は上の方ではほとんど反《そ》りがなく、先端近くで急に反っています。地垂木《じだるき》が棟まであり、先に勾配《こうばい》の緩い飛檐垂木《ひえんだるき》をつけ、野小屋がなく、化《け》粧《しょう》垂木《だるき》の上にすぐ瓦をふいているので、奈良時代の破風板の形は自然にこのような形になるのです。

柱の下の方に長押《なげし》が打ってあるのは、この位置に板敷の床《ゆか》があるからです。仏教建築は中国伝来の様式ですから、飛鳥・奈良時代のものはすべて土間で、現在床を張っているのは伝法堂だけです。後に述べますように、この建物はもと住宅だったものを移したので、そのためかとも思われますが、当時の床構造は中世以後のもののように貫《ぬき》を通して根太《ねだ》をならべ、上に板を張ったものではないので、床板をとっても、柱に傷は残りません。土間にしても差し支えなかったのに、それをあえて板敷のまとしたところに、仏教行事の日本化があったものと認めざるをえないでしょう。

伝法堂の解体修理に際し、浅野《あさの》清《きよし》博士により徹底的な調査が行なわれました。その結果、奈良時代の技法が明らかになり、それによって完全に奈良時代の姿に復原されているのですが、この調査によって、さらに驚くべき成果が発表されました。それはこの建物がどこからか移されてきたもので、もと桁行五間だったものを、移築に際し七間に拡張し、間仕切《まじきり》などを変えて仏堂にしたというものです。

もとの形は復原模型に見るようなもので、奥の桁行三間は閉鎖的な空間で、前の桁行二間は開放的な空間となり、さらに前面にベランダ風のものがついていたのです。これはどう見ても仏堂とは思えません。伝法堂は橘《たちばな》夫人（聖武《しょうむ》天皇妃）家が寄付したものと資財帳に書いてありますので、橘夫人の邸宅の建物の一つだったと考えられます。この建物が移築される少し前、神亀《じんき》元（七二四）年には「五位以上および庶人《しょにん》の住宅はできれば瓦をふき、丹塗《にぬり》にする」と『続日本紀《しょくにほんぎ》』に出ていますので、このような大陸風な住宅があっても当然ですが、床を張った以外、まったく中国風なこの建物が貴族住宅として建てられていたということは、当時、中国文化の輸入にいかに熱心であったかを物語るものでしょう。

Ⅱ 薬 師 寺

歴史と今日の姿

法隆寺から薬師寺に向かうバスが郡山を過ぎると、北方に薬師寺の塔の九輪が輝いているのが見えます。車が近づくにつれ、二重の金堂《こんどう》の鴟尾《しび》と、東西両塔の姿がくっきりと浮かんできます。

平城京の時代には、京内に東西両塔をもった寺は東大寺をはじめとして、いくつもありました、緑と丹土《につち》に映える金色《こんじき》の九輪は「咲く花のにおうが如き」といった形容が、まさにぴったりでした。その姿をいま見うるものは、薬師寺だけです。

奈良西《にし》の京《きよう》に東西両塔がそびえ立つ薬師寺は天武《てんむ》天皇によって創立された寺です。天武九（六八〇）年壬申《じんしん》の乱以来苦難を共にした皇后が病気になられたので、天皇はその病気平癒を願って、寺を建てることを発願されました。皇后の病気は幸いにして治られましたが、今度は天皇の方が病気になられ、朱鳥《しゆちよう》元（六八六）年に崩御されました。寺は着工されたばかりでしたが、天皇の後をついで即位された皇后持統《じとう》天皇と、そのあとの文武《もんむ》天皇が造営をつづけ完成されました。その薬師寺は藤原京（今の橿原市）にあり、いまも金堂・東塔・西塔の礎石を残しています。
和銅《わどう》三（七一〇）年都が平城に移りますと、諸寺は平城京に移ることとなり、薬師寺も養老《ようろう》二（七一八）年平城京に移り、藤原京の薬師寺は本薬師寺《もとやくしじ》と呼ばれました。平城京における薬師寺の造営がどのように行なわれたか明らかでありませんが、天平《てんぴょう》二（七三〇）年に東塔が建てられたと史料にありますので、金堂などはこれ以前にできていたと思われます。

薬師寺は都が京都に移ってからも勅願寺として重んじられていましたが、天延《てんえん》元（九七三）年に火災が起こり、金堂と東西両塔を除き、全伽藍《がらん》が焼失しました。火災後ただちに再建にかかり、約四〇年を要して復興されました。

その後、建物にいくらかの被害が出ることもありましたが、そのたびに復興されてきました。しかし、室町時代には経済的に衰えていたので、地震と大風で金堂・中門《ちゆうもん》・回廊《かいろう》などを失い、金堂は仮堂《かりどう》としてようやく再建されるという状態になりました。薬師寺の衰退に拍車をかけたのは享禄《きようろく》元（一五二八）年の戦乱による放火で、金堂・講堂・中門・僧房《そうぼう》を失い、奈良時代以来無事だった西塔も焼失してしまいました。金堂はさっそく再建に着手されましたが、元のような立派なものは建てられず、仮堂の程度に止まり、古建築としては奈良時代の東塔、鎌倉時代の東院堂、室町時代の南門（もと西院の門を移す）だけとなってしまいました。

伽藍を昔の状態に戻すことは、薬師寺代々の住職の悲願でしたが、昭和四六年から金堂の再建にかかり、現在では僧房・西塔も復原され、近く中門も再興される予定になっています。

伽藍配置　平城京は碁盤目《ごばんめ》のように、道路が縦横に通っていました。道路の幅は大路《おおじ》が奈良尺《ならじゃく》で八〇尺（二三・八メートル）、小路《こうじ》が四〇尺です。中心に朱雀大路《すざくおおじ》（幅八五メートル）があり、東を左京《さきょう》、西を右京《うきょう》とよび、大路によって区画されたブロックを北から一条、二条……九条といい、東西は朱雀大路に接するところから外へ一坊、二坊……七坊とよびました。ですから右京六条一坊というと、それが薬師寺のあるブロックということになります。

この大路で囲まれたなかを縦横四等分して小路を通します。この小路（場所により小路と大路）で囲まれた一区画を坪といい、その広さを一町といいます。このように道路が通っていますので、寺の敷地は道路によって決まり、小さい寺では一町、大きな寺では一六町にもなります。薬師寺は南は六条大路、北は五条大路、西は二坊大路に面した一二町の寺地を占め、六条大路の南に花苑院《かえんいん》がありました。

平城京では伽藍は寺地の西南の一郭を占めるのが原則で、薬師寺の伽藍は寺地の西南四町を占め、六条大路に面して南大門を建て、それを入ると中門があり、東西両塔と金堂を囲んで回廊は講堂に達し、その北の食堂《じきどう》左右には僧房《そうぼう》（大房・小子房）が東西に延び、南に曲がって建ち、僧房と回廊との間に鐘楼《しょうろう》と経楼《きょうろう》がありました。

この伽藍配置は戦後数回にわたって行なわれた発掘調査の結果判明したもので、伽藍の建物のほぼ

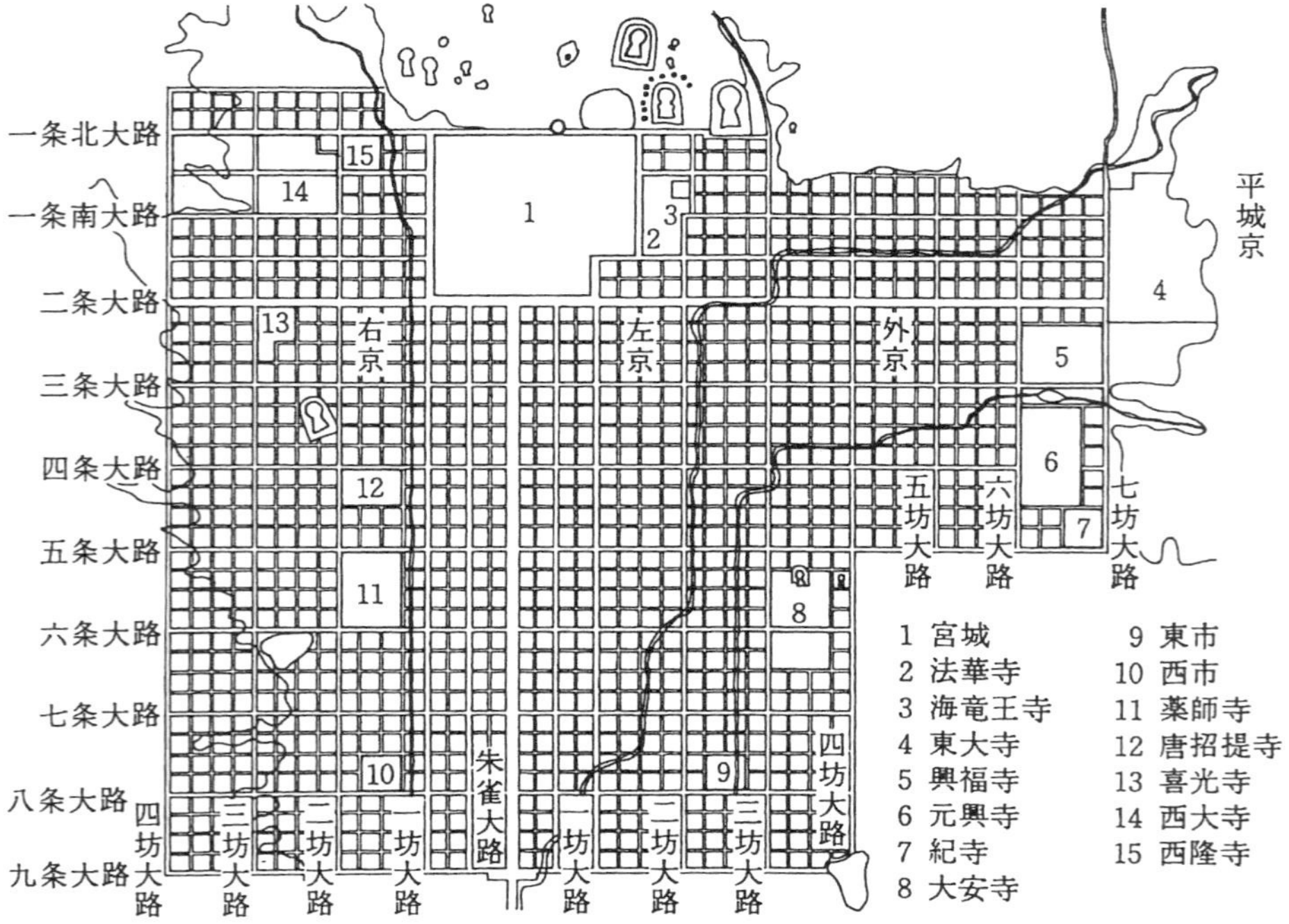
一条北大路
一条南大路
二条大路
三条大路
四条大路
五条大路
六条大路
七条大路
八条大路
九条大路
四坊大路
三坊大路
二坊大路
一坊大路
朱雀大路
一坊大路
二坊大路
三坊大路
四坊大路
五坊大路
六坊大路
七坊大路
右京
左京
外京
平城京
1 宮城
2 法華寺
3 海竜王寺
4 東大寺
5 興福寺
6 元興寺
7 紀寺
8 大安寺
9 東市
10 西市
11 薬師寺
12 唐招提寺
13 喜光寺
14 西大寺
15 西隆寺

図34　平城京

全貌が明らかになった点で、他に例をみないものです。

飛鳥時代の伽藍はいずれも回廊のなかに金堂と塔が建っていました。その点では薬師寺も同じですが、ここでは塔が二つになっています。塔はお釈迦さんの墓ですから、当然一つでいいはずですが、遠方から見えますので、寺の飾りとして考えられ、二つになったのでしょう。薬師寺以後、塔を二つ建てる寺がふえ、東大寺・西大寺・大安寺など平城京では二つ塔があるものが多くなりましたが、それらはみな回廊の外に塔が建っており、塔の本来の意味は薄れていきました。

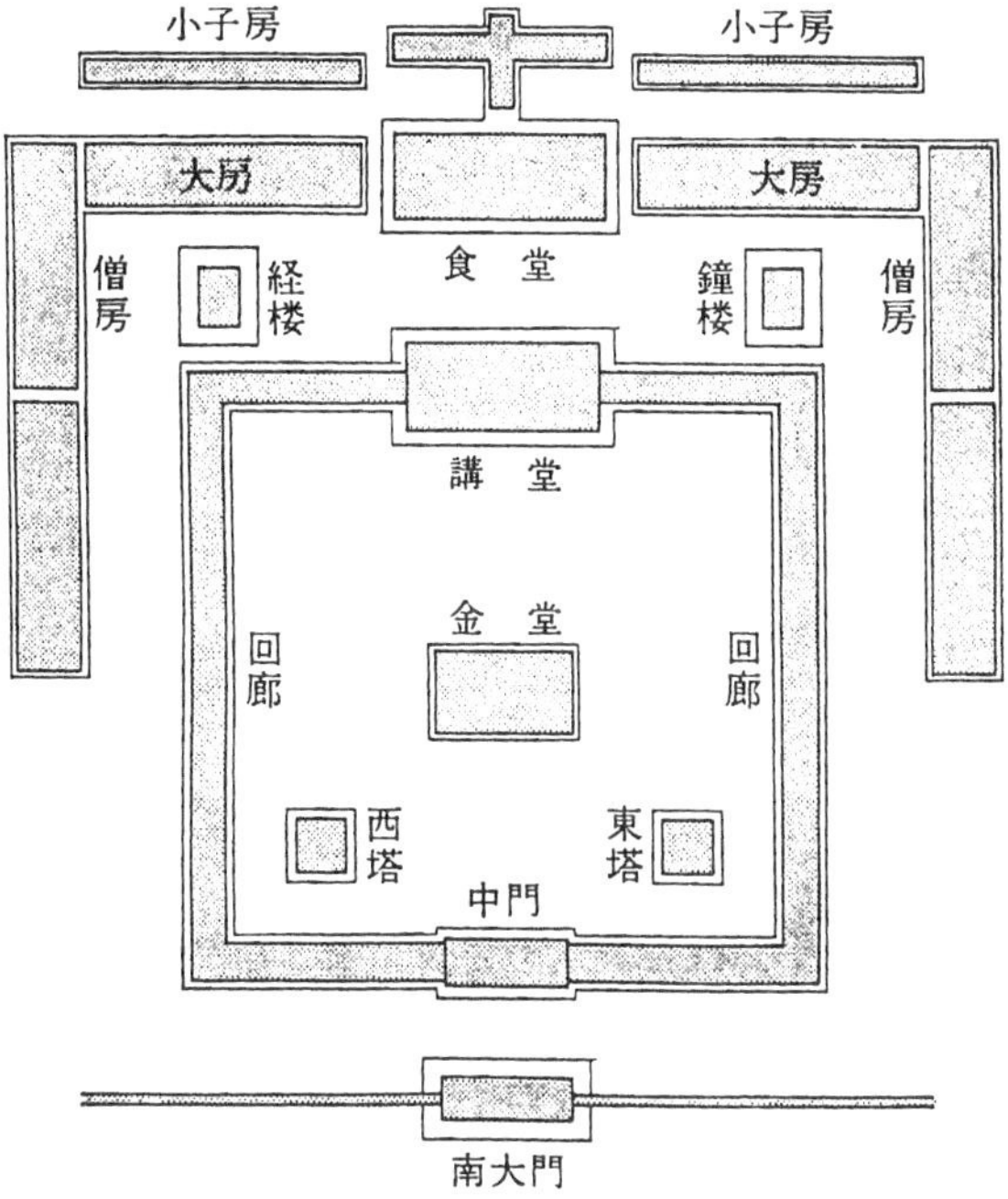

図35　伽藍復原図

飛鳥寺や法隆寺などでは南大門は小さく、中門が大きかったのに、薬師寺では南大門の方が大きく、二重の門になっていました。中門から出た回廊は講堂に達し、梁行《はりゆき》が二間《けん》の複廊《ふくろう》になっていました。これまでの寺はすべて単廊《たんろう》でしたが、薬師寺のほか、東大寺・興福寺・大安寺・元興寺《がんごうじ》など、平城京の大寺はみな複廊でした。しかし、奈良時代の寺院の多くが、回廊は金堂に連なっているのにたいし、薬師寺では講堂に達していますので、一時期古い形式だといえるでしょう。

要するに薬師寺の伽藍配置は塔が回廊内にあること、回廊が講堂に達している点は古い形式、塔が二つになっていることと、回廊が複廊になっていることとは新しい形式で、飛鳥時代と奈良時代との中間に位するものといえるでしょう。

いま橿原市木殿《きどの》に残っている本薬師寺の跡をみますと、金堂と東塔の礎石がかなりあり、西塔は心礎だけが残っています。金堂・東塔の礎石は裳階《もこし》のものがありませんが、現存している部分だけについていえば、奈良の薬師寺のものと、柱の間隔はぴったり一致します。それだけでなく、金堂と東西両塔の位置の相互関係の寸法もまったく同じです。ですから、中門・回廊・講堂についてはまったくわかっていませんが、塔が回廊内にあったことはまちがいなく、この伽藍配置が七世紀の終りにできたことは疑いありません。

復原された建物　金堂は二重で各重に裳階がついていたと、平安時代の文献に記されています。これは他にはまったく例のない形なので、復原にはたいへん苦心しました。平面はもとの礎石が全部残っていますので、正確にわかります。基壇も最初のものが埋まっていましたので、大きさ、高さ、階段の位置、石の使い方などすべてはっきりしています。この付近は七〇—八〇センチ埋まっていますので、現在の地表をもとにして、基壇は埋まった分だけ高くしました。このため、もとの礎石はそのまま、現礎石の下に残してあります。

柱は長さが一九尺五寸だったと記録にありますので、それによりました。軒の出は基壇の出より少し長いことになりますので、これも簡単に決定できます。その寸法は東塔の軒の出と同じになりますので、東塔と同じ組物にすれば、各部材の大きさも同じでいいということになります。正面の軒はたいへん長いので、奈良時代創立の東大寺大仏殿にならって、中央を一段上げました。扉《とびら》の位置は発掘された基壇から決められます。初重は以上のような資料から問題はないのですが、二重の方は平面の大きさも、高さもわかりません。こうなると、あとは設計者の感覚によるほかはありません。柱の配置も、法隆寺金堂のように正面を偶数間《ぐうすうま》にするのか、あるいはごくふつうの奇数間にするのかについて、意見が分かれましたが、最後は一〇分の一の模型を造り、それを検討して、現在みるような奇数間の配置としました。高さはいろいろ図を書いてみました。しかし、どう変えてみても、その差は一メートル以内で、それ以上高くも低くもできませんので、現在のものでそう大きな誤りはないと思います。

西塔の方は、東塔があるので、そっくりそのまま造ればよいと思われるでしょうが、実はそう簡単ではないのです。というのは、東塔は一二〇〇年の歳月を無事過ごしたとはいうものの、その間の修

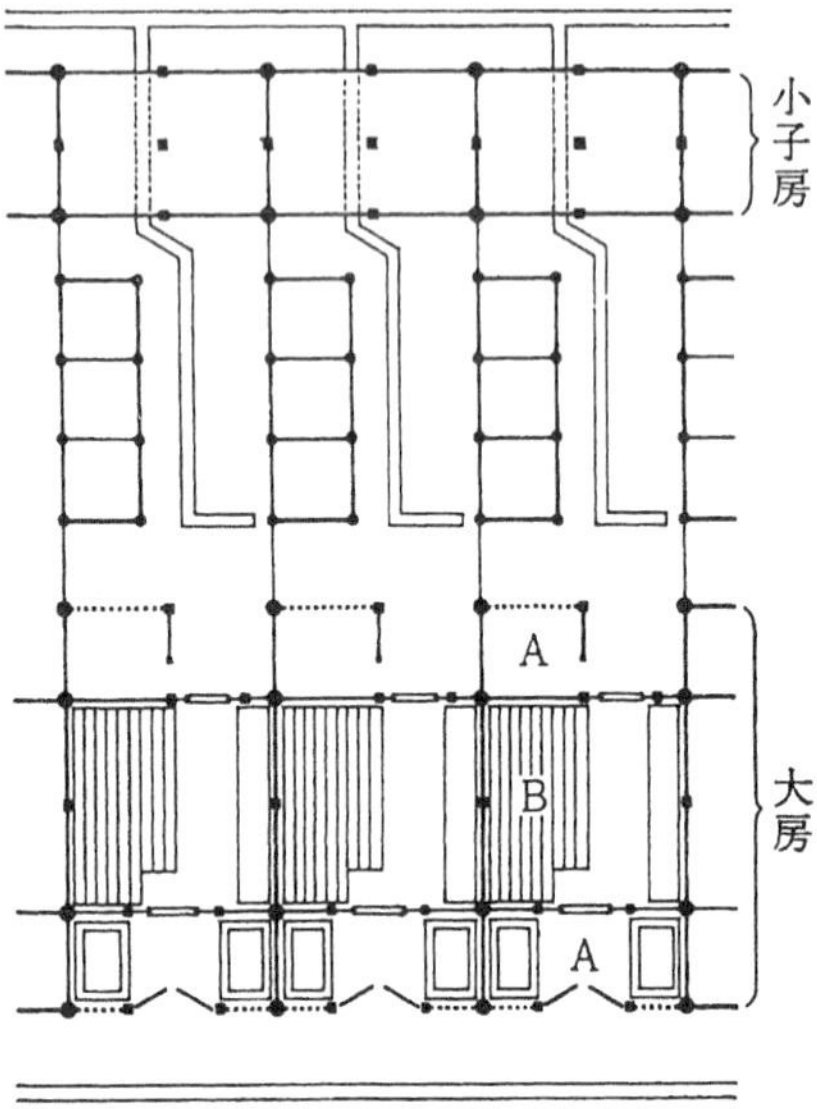

図36　僧房復原平面図

理で変更されたところがないとは考えられません。

それで、一年以上かかって、東塔の最初の形がどうだったかを調べました。解体しないで調査するのですから、限度がありましたが、裳階に連子窓《れんじまど》があったこと、三重の軒が短くなっていることなどがわかりましたので、これを復原しました。また基壇は西塔跡を発掘したところ、金堂と同様に昔の基壇が埋まっていましたので、それによって高さや、石の積み方を復原してあります。

金堂や西塔の細部は東塔にならって造ってありますし、また窓・戸口その他の細かい手法は昭和九年以来の法隆寺修理でわかった奈良時代の手法によっています。したがって、総体的にみて、復原の精度は非常に高いものといっていいと思います。

薬師寺では戦後、長年にわたって伽藍各部の発掘調査を行なってきています。その結果によって中門・回廊・鐘楼などはその基壇の広さを、少し盛土《もりつち》して示してあります。発掘の結果を使って復原したものに僧房があります。これは鉄骨造《てっこつぞう》を主体としていますので、形だけの復原ですが、西僧房の中央よりの一房の内部を当初の形に造ってありますので、奈良時代の僧房がどんなものだったかを見ることができます。

僧房は法隆寺の東室《ひがしむろ》や妻室《つまむろ》で述べましたように、一つの単位をいくつもつづけたものです。各単位は両側に窓や出入口のある明るい小室（図36のA）があり、中央に暗い大きな部屋（B）があります。中央の部屋が寝室で、両側が居間兼書斎（A）でした。この一単位には小子房《しょうしぼう》の一房が付属し、十二、三人の坊さんが住んでいました。法隆寺の僧房は土間だったと思われますが、元興寺のは床を張っていたと推定されます。これにたいし、薬師寺では土間の一部に床を張っていたことが、床束《ゆかづか》の礎石などによって判明しました。これだけくわしくわかった例は他にありません。

東塔

裳階　薬師寺の東塔は三重各重裳階つきという、他に類のない珍しい形をしていることで有名です。そして、ただ形が変わっているというだけでなく、もっとも美しい塔の一つとして知られています。

屋根が六つ重なっているのに三重塔というのは不思議ですが、そういう疑問を出すと、「それは各

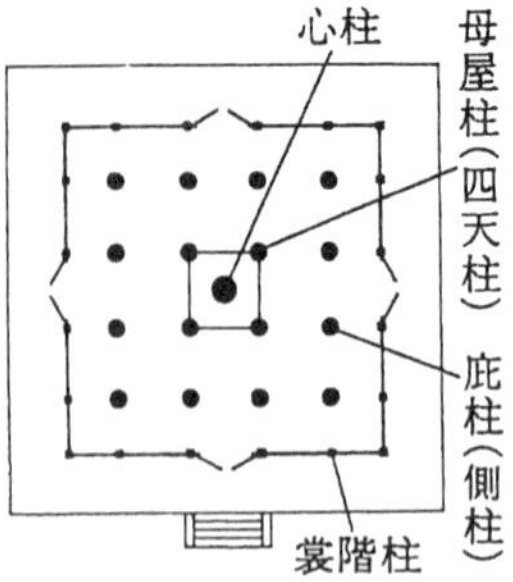

図37　東塔平面図

重に裳階がついているから、三重なのに六つ屋根があるのだ」という答が返ってきます。では裳階（裳層とも書きます）というのは何なのか。答えた人に聞いてもあまりはっきりした返事はえられません。「何だかわからないけれども、そう教わったから」というような、あやふやな話になってしまいます。建築の本にもはっきりした定義は書いてありません。

では裳階というのは何なのでしょうか。どんなものを裳階というのでしょうか。

住宅でも本屋根《ほんやね》の下に庇屋根《ひさしやね》をつけて、縁側《えんがわ》にしたり物置きにしたりしています。屋根が二重に重なっても二階屋とはだれもいわないでしょう。裳階はこれと同じです。もう少し正確に定義づけましょう。一つは構造上からの定義です。薬師寺東塔の平面図と断面図とを見ましょう。東塔の平面図をみると、心柱《しんばしら》を囲んで四本の柱（四天柱《してんばしら》という）があります。この内が母屋《もや》なのです。そしてその外に一二本の柱があります。先の四本の柱とその外の柱との間が庇です。一二本の柱が庇柱《ひさしばしら》（側柱《がわばしら》）です。その外に二〇本の角柱《かくばしら》があります。これが裳階の柱です。これを頭に入れて、断面図（図38）を見ましょう。裳階の柱の上の屋根は、庇の柱の上の方、柱頂近くにとりついています。庇柱の上に組物があり、垂木《たるき》がかかり、屋根がふいてあります。まえに法隆寺のところで、二重の建物の構造の説

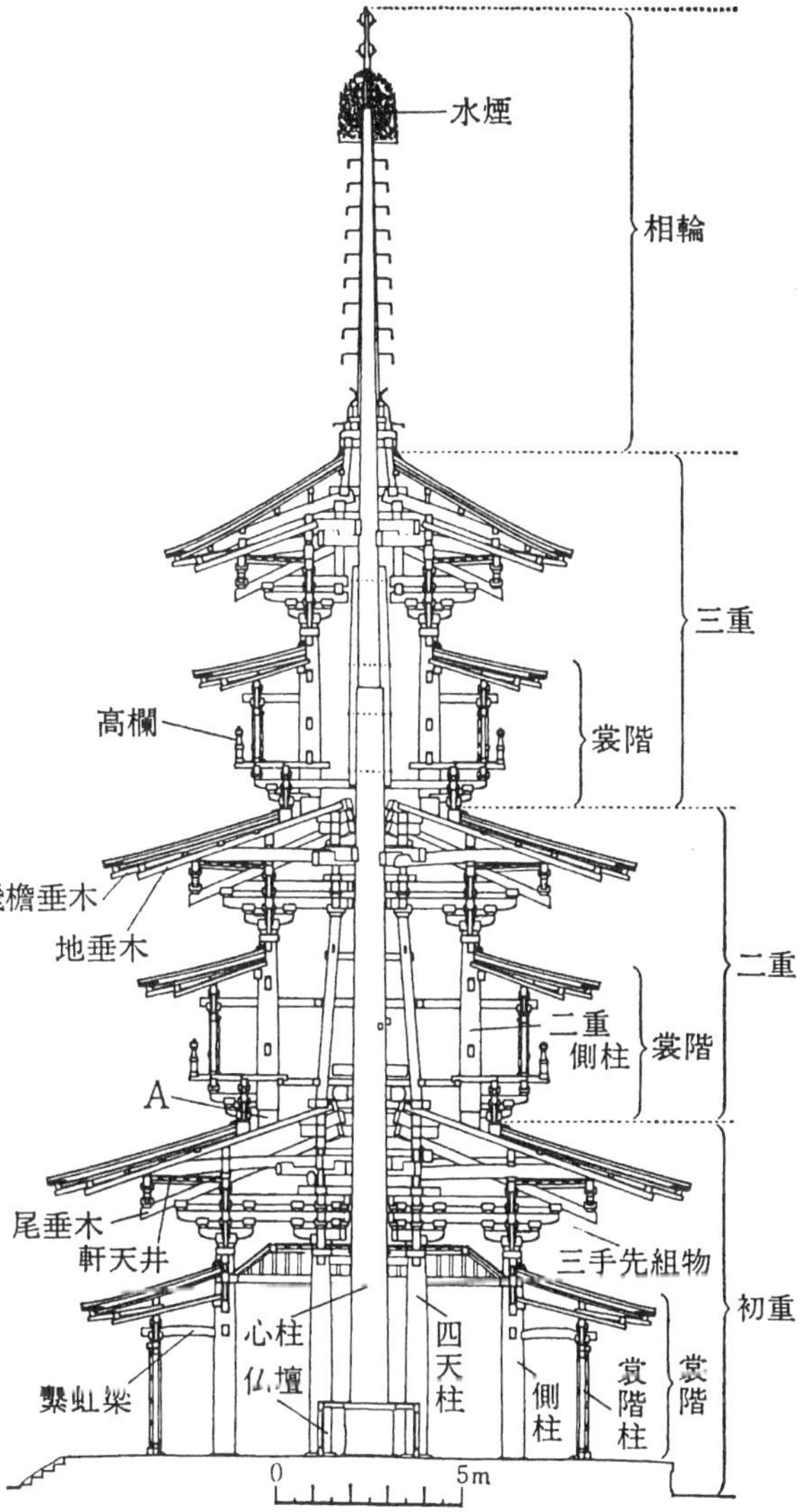
水煙
相輪
三重
高欄
裳階
二重
飛檐垂木
地垂木
二重
側柱
裳階
A
初重
尾垂木
軒天井
三手先組物
心柱
仏壇
四天柱
側柱
裳階柱
裳階
繋虹梁
0
5m

図38　東塔断面図

明をしました。そこで、建物の二重目の柱は、下の柱が延びているのではなく、初重の柱の上にある、初重の垂木の上に太い材をおいて、その上に二重の柱が立っていると書きました。もう一度三〇ページをあけてみてください。東塔でも庇柱の上方の垂木の上に太い材Aをおいて、また柱が立っています。これが二重目の柱なのです。日本の古い建築では初重の柱と二重の柱とは位置的にも上下通っていません。もちろん、現在の木造二階建てのように、通し柱はありません。このような構造になっているのが二重の建物なのです。東塔では裳階の屋根とその上の屋根と二重になっていますが、内方の庇の柱は上まで通っていますので、これは二重とはいえないのです。要するに、柱が一階、二階それぞれ別にあることが二重の要件なのです。一本の柱の横に屋根がとりついている場合はそれを裳階と呼びます。ただし民家では下屋《げや》といって裳階とはいいません。

つぎに、断面図を見ましょう。構造的な説明をしたとき、裳階の屋根は庇柱の柱頂に近いところに取りついていると書きました。その結果、当然のことながら、裳階柱と裳階柱の間には窓や出入口の開口部がつきますが、庇柱（側柱）の外に見えるところにはそれがつく余地はまったくありません。ですから、立面的には開口部（窓や扉）が何段になっているかで、二重か、裳階つきかを判定することができます。東塔では戸口は下から上まで三ヵ所しかありません。したがって屋根は六重になっていてもこれは三重塔なのです。

この二つで判定すれば、二重か裳階つきかは容易に判断できます。鎌倉時代に禅宗《ぜんしゅう》が入って、宋《そう》の様式が伝えられました。その仏殿、たとえば鎌倉の円覚寺舎利殿《えんがくじしゃりでん》は一重裳階つきで、二重ではありません。これは前述の二つの観点、ふつうは外観から判断されればすぐわかるでしょう。

裳階つきの塔は現在では薬師寺東塔、海住山寺《かいじゅうせんじ》五重塔（京都府）、安楽寺八角三重塔（長野）の三つしかありません（法隆寺のは後からの付加ですから除きます）。しかし、文献では春日東塔もそうですから、他にもあったでしょう。

裳階が何のためにつけられたかという問いには明確には答えられないのですが、平面を広くするため付加されたのが最初ではなかったでしょうか。裳階をとりこんだ形で大きくすることも十分技術的には可能ですけれども、そうすると、屋根がたいへん大きくなって経済的に不利だと考えたのでしょう。本屋根の下に裳階のさしかけ屋根をつけるのですと、軒高が低いので、部材も細くてすみます。そんなことも裳階をつけた一因だったかもしれません。

裳階を除いた部分、つまり母屋と庇を加えた部分は古い名称がありません。それで必ずしも適切とはいえませんが、これを主屋《しゅおく》と呼んでおきましょう。

裳階の屋根は軒の出が小さく、主屋の屋根の出は大きく、そのため六重になった屋根は大小、大小、大小と交互に重なり、非常に変化に富む立面を形造っています。これについては、昔あるお坊さんが竜宮の造り方を見てきて、このような珍しい形のものを造ったのだという話が『三宝絵詞《さんぼうえことば》』という平安時代の本に出ています。

もちろん、海の底にある竜宮など見られるわけはありませんので、外国の建築を見てということなのでしょう。裳階つきの建物は、鎌倉時代に伝わった禅宗建築に多く用いられていることからもわかるように、中国伝来の形式です。各重裳階つきの建物は中国にも残っていませんので、はっきりしたことはいえませんが、多分これも中国から伝えられたものなのでしょう。いずれにしても、こうしたすばらしい着想と、それを破綻なくまとめあげた当時の建築家の技量に感嘆せずにはおられません。

組物の形式　近くによって軒下を見ましょう。裳階の組物は三斗《みつと》ですが、主屋の柱上の組物はたいへん複雑な形になっています。

六六ページの図25では、三斗は柱上に大斗《だいと》をおき、肘木《ひじき》をのせ、上に三個の斗《ます》をおいて丸桁《がぎょう》（一番先にある桁《けた》）をうけています。これでは、組物は前方には出ていません。丸桁は壁の面にあります。深い軒の出を支えるためには、桁はできるだけ前方に出ている方が有利です。そのためには丸桁を支える組物を前方に出す必要があります。

そこで三斗組の肘木と直交する肘木をおき、その先に斗をのせ、その斗の上にまた、壁と平行に肘木（天秤《てんびん》のようになっているので秤肘木《はかりひじき》という）をおき、三つの斗をのせて丸桁を支えれば、肘木の長さだけ前方で丸桁を支えることができます。これを出組《でぐみ》といいます。奈良では東大寺法華堂《ほっけどう》（三月《さんがつ》堂《どう》）で見られます（図39）。薬師寺東院堂や法隆寺南大門の組物も出組ですが、中世以後の出組は古代の出組とはちょっと変わっていて分かりにくいので、ここでは例に挙げません。組物のなかには丸《が》

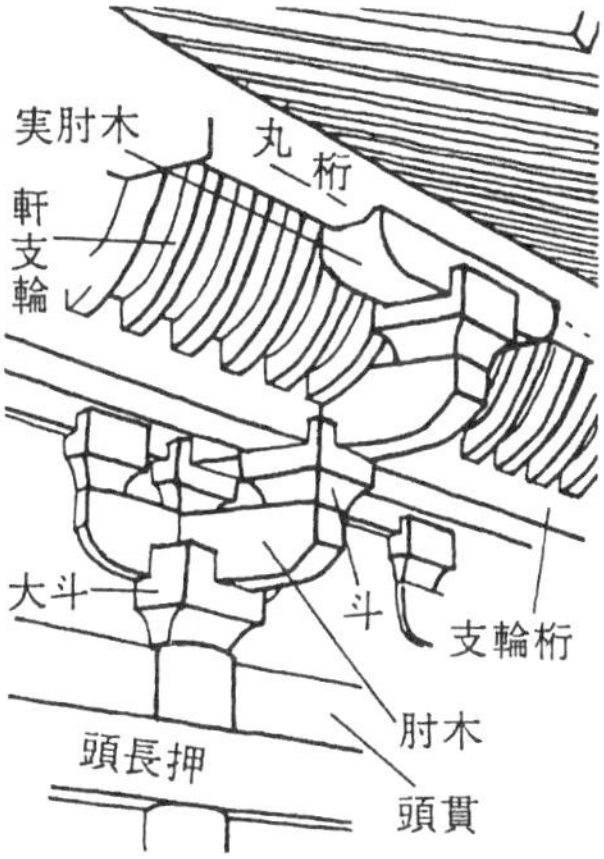

図40　二手先（法隆寺東院鐘楼）

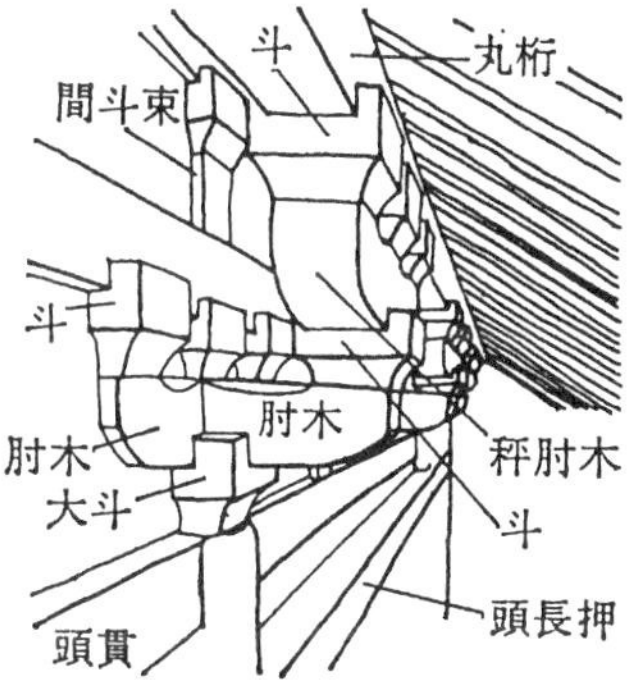

図39　出組（東大寺法華堂）、

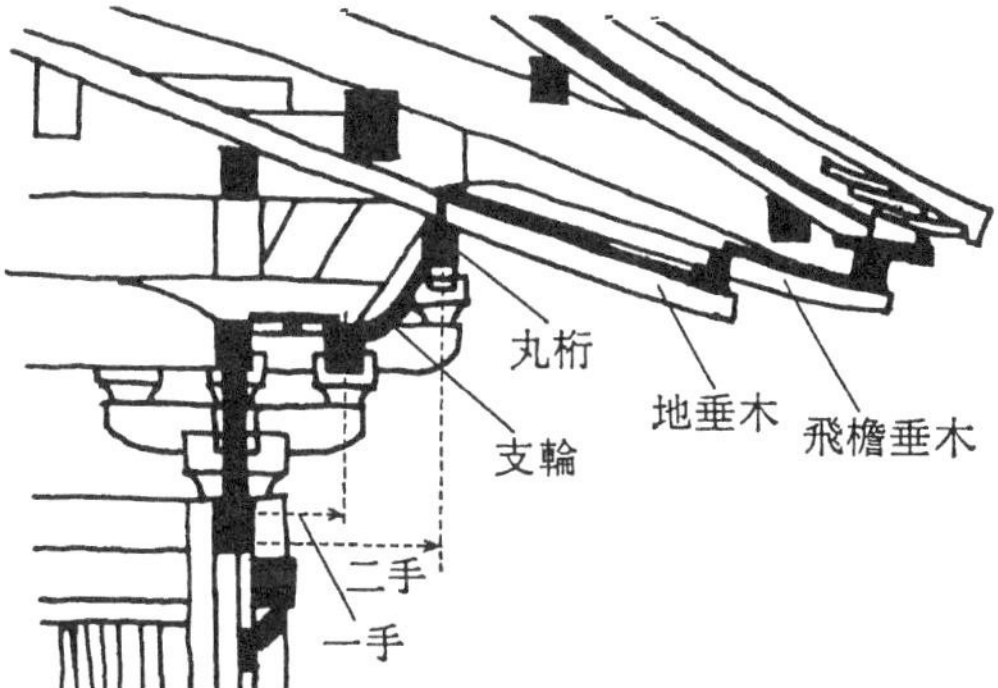

図41　二手先断面図（法隆寺東院鐘楼）

桁《ぎょう》を支えるのに斗でなく、斗の上に長い肘木をのせて、それで丸桁を支えているものもあります（たとえば図40）。この丸桁を直接支える肘木を実肘木《さねひじき》といいますが、組物の形式をいう場合、実肘木があってもなくても組物の名称は変わりません。

出組よりもっと前方で丸桁を支えるためには、三斗組《みつとぐみ》から出組への方法をもう一度くりかえせばいいのです。図40を見てくださるとわかるでしょう。これを二手先《ふたてさき》といいます。

壁から前方に出た組物の部分を手先の組物といいます。出組では前方に肘木の長さ一手だけ出ているのですから、一手先《ひとてさき》なのですが、ふつう一手先といわず出組といっています。一手、二手というのは前方に出る肘木の数をいっているのです（図41）。出組では大斗上の肘木より一段高いところに、二手先では二段高く肘木を積み重ねていますので、上への積み重ねの度合いと勘違いされている場合が多いので注意してください。

二手先は出組より使われる場合が少なく、奈良では法隆寺東院の鐘楼に見られるぐらいです。

さてそこで、東塔の組物を見ましょう（図42・43）。ここではもう一手前方で丸桁を支えています。それでこれを三手先《みてさき》といいます。三手先は二手先にもう一手同じ組み方をすればできますけれども、肘木《ひじき》と斗《ます》だけで、あまり前方まで支えることは困難なので、内方から斜めに太い材が出て一段先の三斗《みつと》を支えています。この斜めの材は法隆寺金堂や五重塔ですでに見たもので、尾垂木《おだるき》です。ここに太い材をずっと内方から出すことによって、支持力を高めたのです。

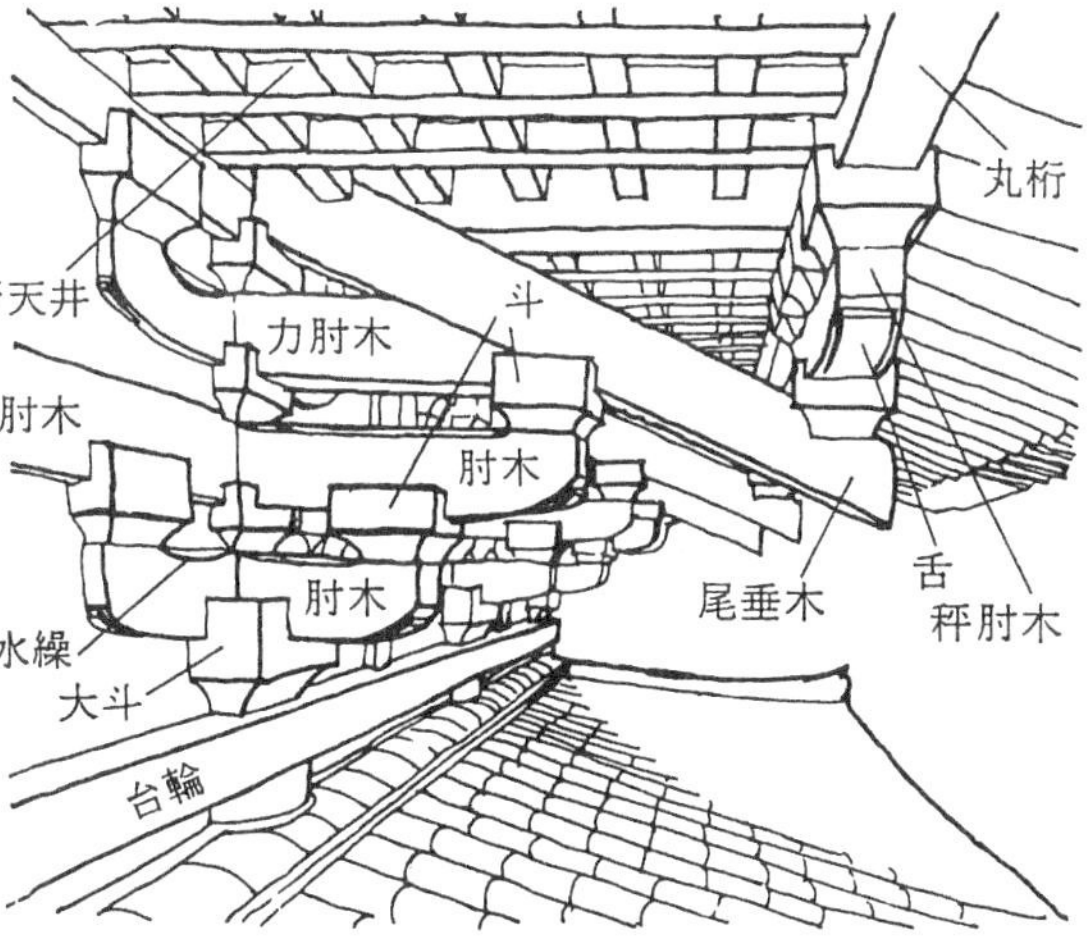

図42　三手先（東塔）

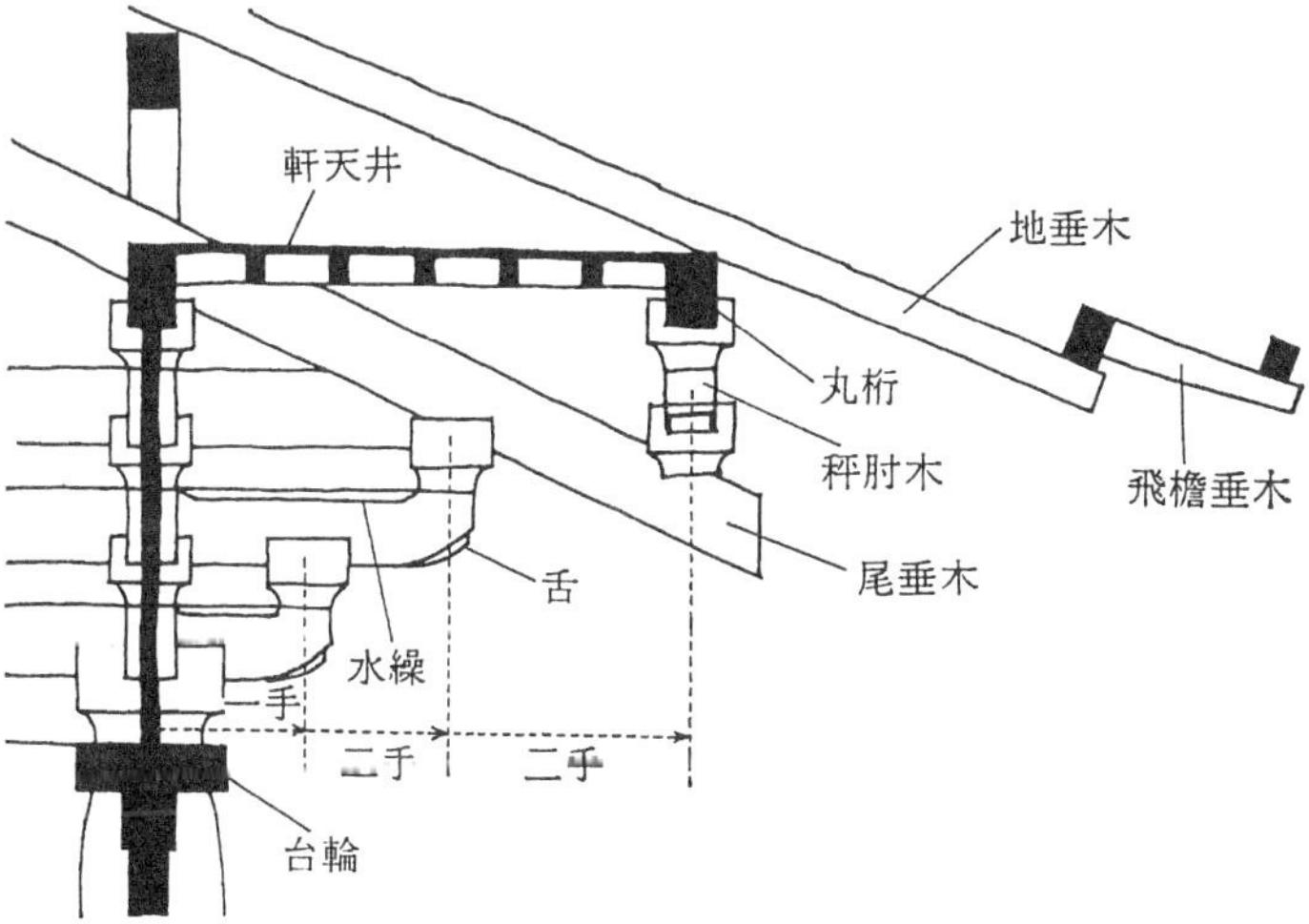

図43　三手先断面図（東塔）

丸桁《がぎょう》の上から壁までは組入天井《くみいれてんじょう》が造られて、軒裏と壁とで造る三角形の上の方を隠しています。これを軒天井《のきてんじょう》といいます。法隆寺ではこの天井はなく、軒裏はずっと奥まで見えました。東塔のこの広い軒天井は後の三手先にはなくなり、斜めの軒支輪《のきしりん》が使われるようになります（唐招提寺金堂）。

東塔の前方に出ている肘木は先端にだけ斗をのせています。ですから断面図でみると、斗は上下に並んでいません。これが唐招提寺金堂では上下に並んでいます（図48 49）。肘木の先にだけ斗をおく手法は、鎌倉時代に入った宋《そう》の様式（大仏様《だいぶつよう》と禅宗様《ぜんしゅうよう》）でも同様で、これが中国の組物の形でした。

肘木の上面の角《かど》は斜めに削ってあります。これを水繰《みずくり》といいますが、奈良時代の肘木までで、平安時代にはありません。また肘木の下面に少し出っぱりがあります。これを舌《ぜつ》といい、法隆寺の金堂の肘木の下にも見られるもので、薬師寺東塔以後のものには見られません。

組物の上に丸桁があり、垂木がかかっています。地垂木《じだるき》の断面は円、飛檐垂木《ひえんだるき》の断面は角で、奈良時代に多く用いられた形式です。飛檐垂木の長さが短いのも、この時代の特徴の一つです。

主屋の柱は裳階に隠れてよく見えませんが、上方で七―一〇センチ細くなっています。これは法隆寺で見た胴張《どうば》りの名残りと思われます。奈良時代の他の建物では、これはまったくないか、あっても薬師寺のものよりずっとわずかです。

このような柱の細まりや、組物の形式などからみますと、薬師寺東塔は他の奈良時代のものより一時代古い様式とみられます。そこで、伽藍配置のところで述べました本薬師寺東塔との関連が思い出されます。本薬師寺東塔の礎石は、裳階の礎石がありませんが、母屋柱《もやばしら》・庇柱《ひさしばしら》の間隔は奈良の薬師寺東塔のものと同じです。また、本薬師寺と薬師寺の瓦は同じ文様のものが出土します。さらに造営尺を出してみますと、両方ともほぼ同じです。そのため、薬師寺東塔は平城移転に当たり、本薬師寺から移建されたという説もあります。しかし、天平の資財帳を抜書したものに、「宝塔四基、二口本寺にあり」とあって、両方の寺に各二つの塔があったと記されていますし、また現在調べたところでは現在の薬師寺東塔にはまったく移建の痕跡が認められないので、移建説は認められません。

しかし、柱間《はしらま》寸法が同じで、金堂両塔間の相互距離も同じであることや、また他の奈良時代の建築より古様を示すことなどを考えあわせますと、東塔の様式は本薬師寺のものを伝えた可能性が大きいものといえましょう。

塔の上にはもちろん相輪《そうりん》が立っています。他の塔の水煙《すいえん》は簡単な、悪くいえば魚の骨のような形のものが多いのですが、この塔の相輪の水煙は、空を飛んでいる天女の姿を鋳出した美しいものとして有名です。高いところにあるので、下からはよく見えませんが、まことに見事な彫刻です。このような意匠をどうして思いついたのかわかりませんが、中国の石窟寺院には塔や仏を空中から散華供養《さんげくよう》する姿が彫られていますので、そうしたところからの着想かもしれません。

この相輪でもう一つ他とちがうのは、受花《うけばな》がなく、平らな四角な板になっていることです。この平らな板の上面には周辺部に穴があいています。この穴はもとそこに飾りがつけられていたことを示すものと思われます。中国石窟寺院の壁に彫られた塔などをみますと、ここに透し彫りの文様のついた板がついています。それで西塔を復原するに当たっては、中国の例を参照してここに飾り板をつけました。

この相輪でもう一つ大切なのは、この平らな板の上のところの心柱を包む管に銘文が彫ってあることです。心柱は「檫」とも書きます。読みはともに「しんばしら」です。それでこの銘を「東塔の檫《さつ》銘《めい》」と呼んでいます。これには薬師寺創立の由来を記し、寺をたたえる銘を刻んでいます。その銘文の解釈について、明治以来諸説があり、論争が行なわれていますが、ここではその内容については略しましょう。この銘は字配りなどが整っていないので、おそらく、本薬師寺塔上にあったものを転刻したものかと思われます。

東院堂

薬師寺の東院は吉備内親王《きびのないしんのう》が母の元明《げんみょう》天皇のために養老《ようろう》年中に創立されたと伝えています。元明天皇は養老五（七二一）年に崩御《ほうぎょ》されていますので、その一周忌に創立されたのでしょう。今の東院堂は弘安《こうあん》八（一二八五）年の再建ですが、奈良時代創建の大きさを守っていると思われます。現在は床《ゆか》が張ってあり、周囲に回縁《まわりえん》がありますが、これは弘安再建にあたり、このようにしたもので、創建の建物は土間だったでしょう。なおこの建物は南向きだったのを江戸時代に西向きにしたものです。

この堂が再建された鎌倉時代は、南都仏教の再興期にあたり、法隆寺でも多くの建物が修理されたり、再建されたりしましたが、この東院堂も、南都仏教界の再興を示す好例です。南都建築界は平安時代まではそう大きな変化なくつづいてきましたが、東大寺が鎌倉時代初頭に再建されたとき、新しく中国の様式が輸入されました。この様式を大仏様《だいぶつよう》と呼びます。このことについては、東大寺のところでくわしく述べますので、そこを参照してください。

大仏様は南都建築界に大きな衝撃をあたえました。そして、奈良時代以来の様式（これを和様《わよう》といいます）に影響を及ぼし、和様にかなりの変化を起こさせました。この大仏様の影響をうけた和様を新和様と呼んでいます。

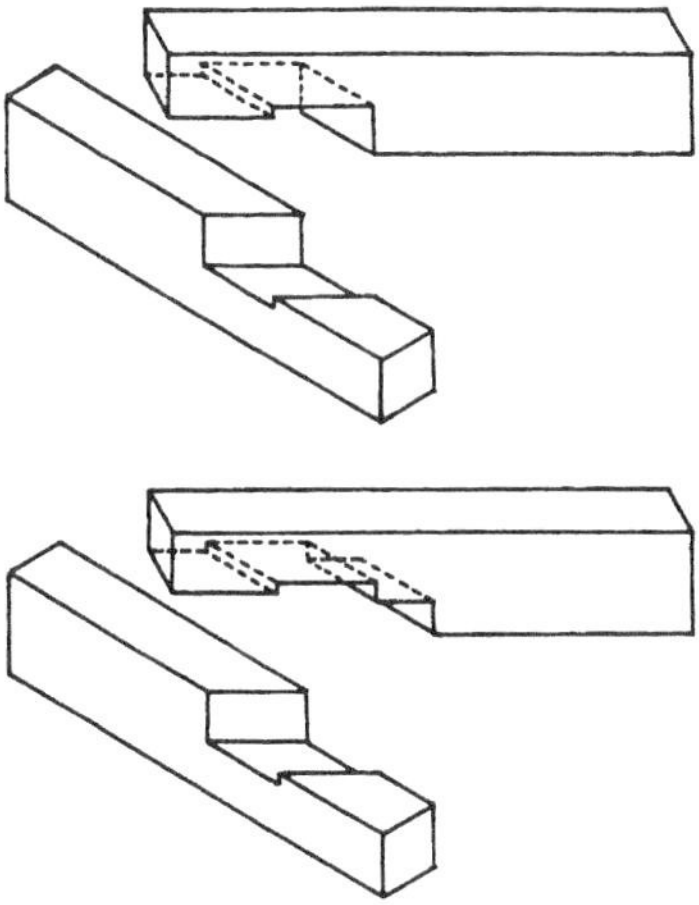

図44　隅柱内の貫の仕口
（興福寺北円堂）

影響を受けた点は大きく分けると二つあります。一つは構造的な面で、一つは意匠的な面です。構造的な影響は貫《ぬき》の使用です。和様では貫は柱頂にある頭貫《かしらぬき》だけで、頭貫は貫とはいうものの、柱の頂部を切り欠いて、上から落としこんだだけで、柱との緊結度はそう高くありません。ところが大仏様では頭貫のほか、何本もの貫を柱に貫通させ、隅柱の中で桁行《けたゆき》・梁行《はりゆき》の貫を組み合わせ、柱の貫穴に楔《くさび》を打って軸部を固めています。頭貫も隅では十文字になり、先が柱から突き出しています。隅柱のところでお互いに組み合わされていますので、和様の頭貫とくらべると、軸部を固めるという点で、数等すぐれています。

古代の建築は柱を太くすること、厚い土壁《つちかべ》を使うことによって、風や地震の水平的な力に対抗することができたのです。ところが、しだいに大きな材がなくなって、柱は細くせざるをえなくなります。柱が細くなれば、壁も薄くならざるをえません。水平力に対する強度はだんだんと少なくなります。そこで第一に考えられたのは、長押《なげし》の利用でした。長押は元来、扉を釣る軸穴を彫るためのものでした。長押は釘《くぎ》で柱に打ってあるのですが、長押は柱に当たるところを円く欠きとってあるので、太い材を使えばかなり軸部を固めることができます。現在の住宅では長押は薄い三角形の断面になって、構造的には意味のない化粧材ですが、昔は重要な構造材だったので、柱頂部の頭長押《かしらなげし》、窓・戸口上の内法長押《うちのりなげし》、窓下の腰長押《こしなげし》、縁上の縁長押《えんなげし》など多く用いました。

次に考えられたのは筋違《すじかい》の使用です。筋違は平安時代末の「東寺文書《とうじもんじょ》」に見えますが、実例としては法隆寺舎利殿絵殿《しゃりでんえでん》（一二一九年）がいちばん古い例です。この構法は現在の木造建築にすべて使われているように、軸組を固める点では最良のものですが、筋違を入れたところで、土壁に斜めの亀裂が入り、意匠的に醜いのであまり使われませんでした。

そうした欠点を感じていたところへ、貫《ぬき》によって軸組を固めるという、新しい技法が入ったので、それが広く用いられるようになりました。

第二の意匠的な面は、この貫の使用による結果といってもいいものでした。頭貫《かしらぬき》が隅柱のところで十文字になり、外に突き出ますと、ただ先をぷつんと切ったのでは形もよくないので、ここに簡単な曲線をつけています。それは東大寺の南大門や鐘楼にみられる、ぐりぐりの曲線です。このような部材につけられた曲線を繰形《くりかた》といい、部材の先に繰形をつけたものを木鼻《きばな》といいます。

貫が入って、軸組を長押で固める必要がなくなると、長押はいらなくなります。しかし、扉はなにかに釣らなければなりません。そこで貫の側面に木をうちつけ、これに扉の軸受けの穴を彫って扉を釣りこみます。この木を藁座《わらざ》といって、飾りのため繰形をつけています。

扉は和様では平らな板扉でした。法隆寺金堂では厚い一枚板を使っています。しかし、幅一メートルもの板を採るのはたいへんですから、何枚かの板をはぎ合わせて扉にします。板をとめるために裏に桟《さん》を打ちました。扉の外に打ってある半球状の金物（乳金物《ちちかなもの》あるいは饅頭《まんじゆう》金物）は横桟《よこざん》に打った釘の頭を隠し、また飾りとしたものです。唐招提寺の金堂がその例です。扉が内開きのときはそれでいいのですが、外開きにすると、扉を開いたとき、裏の桟が見えて見苦しいので、扉の上下に木を取りつけて、これに板をさしこみ、平らな扉としました。この上下の木を端喰《はしばみ》といいます。これは二枚あるいは三枚の板をはぎつけるためのものでもあり、また板が乾燥して反《そ》るのを防ぐためのものでした。

これで何枚もの板を合わせても、表面の平らな扉ができたのです。

ところが、大仏様《だいぶつよう》では周囲に木の枠《わく》を組み、そのなかに薄い板をはめこんだ扉を造りました。これですと、板が薄いので、扉は軽くなります。これも一枚板ではたいへんですから、外の枠のなかに縦横にまた枠を組んで、それぞれのなかに板をはめました。このように、枠を組んで薄い板を入れた扉を桟唐戸《さんからと》といっています。この桟唐戸は装飾的な要素を多く持っていましたので、和様《わよう》にも使われるようになりました。

長押は戸口の上だけでなく、連子窓《れんじまど》の上下にも打たれます。柱の外に打つので、柱の垂直線は長押で切られ、長押は柱の外にかなり出ているので、外観上、長押の水平線の方が強く目に入ります。貫《ぬき》の場合、柱を貫通するのですから、柱の垂直線は切られることなく、柱の線が主になります。奈良時代の長押は丈《せい》が低いのですが、鎌倉時代のものは丈が高く、これを打つと奈良時代の軽快な感じはなくなり、重厚な感じになります。貫は柱よりひっこんでいますので、長押を打ったものより軽く感じられます。

法隆寺の中世の建物では貫を使っても、長押も併用していて、和様の外観をそのまま保っていますが、薬師寺東院堂では縁のすぐ上の長押（縁長押《えんなげし》）だけで、他は貫ですから、建物の外観に新しい感じを生むことになりました。それに、頭貫《かしらぬき》の木鼻《きばな》、桟唐戸などの装飾的細部が加わり、従来の和様から離れた新和様を生んでいます。東院堂が、法隆寺で見てきた建物と変わった印象をあたえるのは、このような諸点が基になっているのです。

鎌倉時代の中ごろは、大仏様の手法が和様のうちに採り入れられ、それが新和様として定着した時期でした。東院堂はその代表的なものといえるでしょう。

建物の中に入ってみましょう。ここでまっ先に目につくのは、細かく格子を組んだ天井です。一メートル角ほどに木を組み、その中に細い木を格子に組んでいます。一メートル角ほどに木を組んで板を張ったのを格天井《ごうてんじょう》、その中にさらに細かく木を組んだのを小組格天井《こぐみごうてんじょう》といいます。

小組格天井は平安時代の後期にできた天井の形式です。これと法隆寺以来使われている組入天井《くみいれてんじょう》との差は、木の組み方の粗い細かいの差だけではありません。組入天井の方は桁《けた》や梁《はり》などの部材を周囲の枠《わく》に利用し、その間を埋めたもので、構造材を見せているところが特徴です。しかし小組格天井（格天井も同じ）は構造材をまったく隠してしまったものです。これを一面に張ってしまうのですから、構造材の表わす美しさはまったくみられませんし、周囲から中央に向かって盛り上がっていく立体的な内部空間は形成されません。しかし、低い平明な内部空間がえられます。内部が土間から板敷になり、坐法がいす式から坐式に変わると、立体的な構成よりも、低い穏やかな構成の方が好まれたのでしょう。室内はまったく日本的な空間となりました。

この天井の形式は、多分、平安時代の後期、京都でできたのでしょう。京都では寺院建築に住宅の様式が入り、建物の外部には蔀戸《しとみど》（格子に組んで、上にはね上げる戸）が多く用いられ、内部は構造材を見せない小組格天井が使われたものと思われます。これを京都和様と呼びます。これにたいして、奈良では奈良時代以来の様式が残り、外は板扉と連子窓《れんじまど》、内部は構造材を見せた力強い様式が行なわれていました。これを南都《なんと》和様といっています。

奈良でも興福寺は藤原氏の氏寺《うじでら》として、藤原氏や朝廷による造営が多かったので、京都和様は興福寺を通じて奈良の寺々へも入ってきました。鎌倉時代の薬師寺の別当《べっとう》（住職）はみな興福寺の僧でしたから、東院堂の内部が京都風の意匠をとっているのはこのためとみていいでしょう。

Ⅲ　唐招提寺

歴史と伽藍配置

薬師寺の北門から北にまっすぐ延びる道が右京《うきょう》二坊大路《にぼうおおじ》から一町東の小路《こうじ》です。この道を北に進むと、右側は薬師寺の子院《しいん》で、傷んだ低い築地《ついじ》がつづいています。その築地の切れた先、竹藪《たけやぶ》のあたりに門の礎石があります。そこが薬師寺の寺域の北の端だったのです。

門の跡を過ぎると、左右に民家が散在しています。いまではもう少なくなりましたが、それでも、切妻造《きりづまづくり》の大和棟《やまとむね》の民家がいくつか見られます。このあたりは奈良の近郊では近世の田園風景が比較的よく残っているところで、古都保存法で指定されている地域です。唐招提寺から薬師寺へと訪れる人の自動車やバスの運行が多く、せっかくの情緒もゆっくり味わえなくて残念ですが、私たちはこの道路は居住者の車以外は通さない遊歩道にして、十分周囲の景観を楽しめる、歩行者優先の道路にすべきだと思っています。

正面の森が唐招提寺で、築地に突き当たって右に折れると、唐招提寺の南大門が左手にあります。

日本に仏法が伝わってから、すでに二〇〇年近くたっていましたが、仏教でもっとも重んじられる戒《かい》を授ける資格のある僧は日本にまだいませんでした。そこで聖武《しょうむ》天皇は唐《とう》に使いを出して、伝法授戒《でんぽうじゅかい》のできるしかるべき僧の渡日《とにち》を依頼しました。この願いを聞いた鑑真《がんじん》は早速これに応じようとしましたが、弟子たちは師の渡日に強く反対しました。しかし鑑真は「諸子《しょし》もし行かずんば、我一人行かん」と固い決意を表明しましたので、弟子たちもついに折れ、鑑真と行を共にすることになりました。当時東シナ海を渡ることは容易でなく、五回もの渡航に失敗し、六回目にようやく薩摩《さつま》に流れつきました。鑑真は太宰府《だざいふ》、難波《なにわ》をへて、平城京《へいじょうきょう》に入り、天平勝宝《てんぴょうしょうほう》六（七五四）年四月、東大寺大仏殿の前に戒壇《かいだん》を設け、天皇以下四〇〇人に戒を授けました。鑑真は授戒の師として朝野《ちょうや》から厚い帰依をうけ僧綱《そうごう》になりましたが、天平宝字《てんぴょうほうじ》三（七五九）年、新たに寺院を設け唐律招提寺と名づけ、僧綱を辞し、そこに移りました。これが唐招提寺の初めです。

唐招提寺はこのような鑑真の私寺とでもいうべきものでしたから、造営もそうはかばかしくは進まなかったようで、鑑真が天平宝字七年に死ぬまでに建てられたのは講堂・食堂《じきどう》・僧房《そうぼう》など、僧侶の宗教生活に必要のものだけでした。金堂《こんどう》の造営はかなり遅れたようで、その年代については諸説がありますが、宝亀《ほうき》年間（七七〇—七八〇）とみてよさそうです。塔の造立はさらに遅れ、弘仁《こうにん》元（八一〇）年でした。

唐招提寺は平安時代末にはかなり荒廃していたようですが、鎌倉時代になると、南都仏教復興の波にのって諸堂の修理が行なわれ、舎利殿《しゃりでん》（鼓楼《ころう》）や東室《ひがしむろ》も再建されました。しかしその後はしだいに衰え、康安《こうあん》元（一三六一）年、明応《めいおう》三（一四九四）年、慶長《けいちょう》元（一五九六）年の地震で、つぎつぎに諸堂が倒れ、再建されませんでした。享和《きょうわ》二（一八〇二）年には塔が、天保《てんぽう》四（一八三三）年には西室《にしむろ》と開山堂《かいさんどう》が焼失しましたが、伽藍《がらん》中心部に大きな火災はなく、金堂・講堂・舎利殿・東室・礼堂《らいどう》・経蔵《きょうぞう》・宝蔵《ほうぞう》などは無事今日に伝えられています。なお南大門は戦後再建され、さらに昭和三九年には、裁判所になっていた興福寺《こうふくじ》一乗院《いちじょういん》の宸殿《しんでん》が移建されています。

唐招提寺は右京五条二坊にあります。一坊の一六分の一の区画が坪《つぼ》で、一から一六までの番号がついていました。坪の広さを一町といい、唐招提寺の寺地は四町と記されています。この四町をどこにあてるかは七、八、九、一〇の坪とするのと、九、一〇、一五、一六の坪とするのと二説があります。

南大門を入ると、正面に金堂が建っています。この南大門・金堂間に中門があり、回廊は金堂に連なっていました。金堂の後方に講堂が、そのまた後方に食堂《じきどう》があり、金堂・講堂間の左右に鐘楼《しょうろう》・経楼《きょうろう》が、講堂の東西に僧房がありました。このうち、金堂と講堂は現存し、経楼は舎利殿となり、東の僧房は東室《ひがしむろ》と礼堂になっています。塔は東方にかなり離れて建っていました。このような伽藍配置は、奈良時代寺院の標準的な形式で、当時の金堂・講堂がともに残っているただ一つの例です。

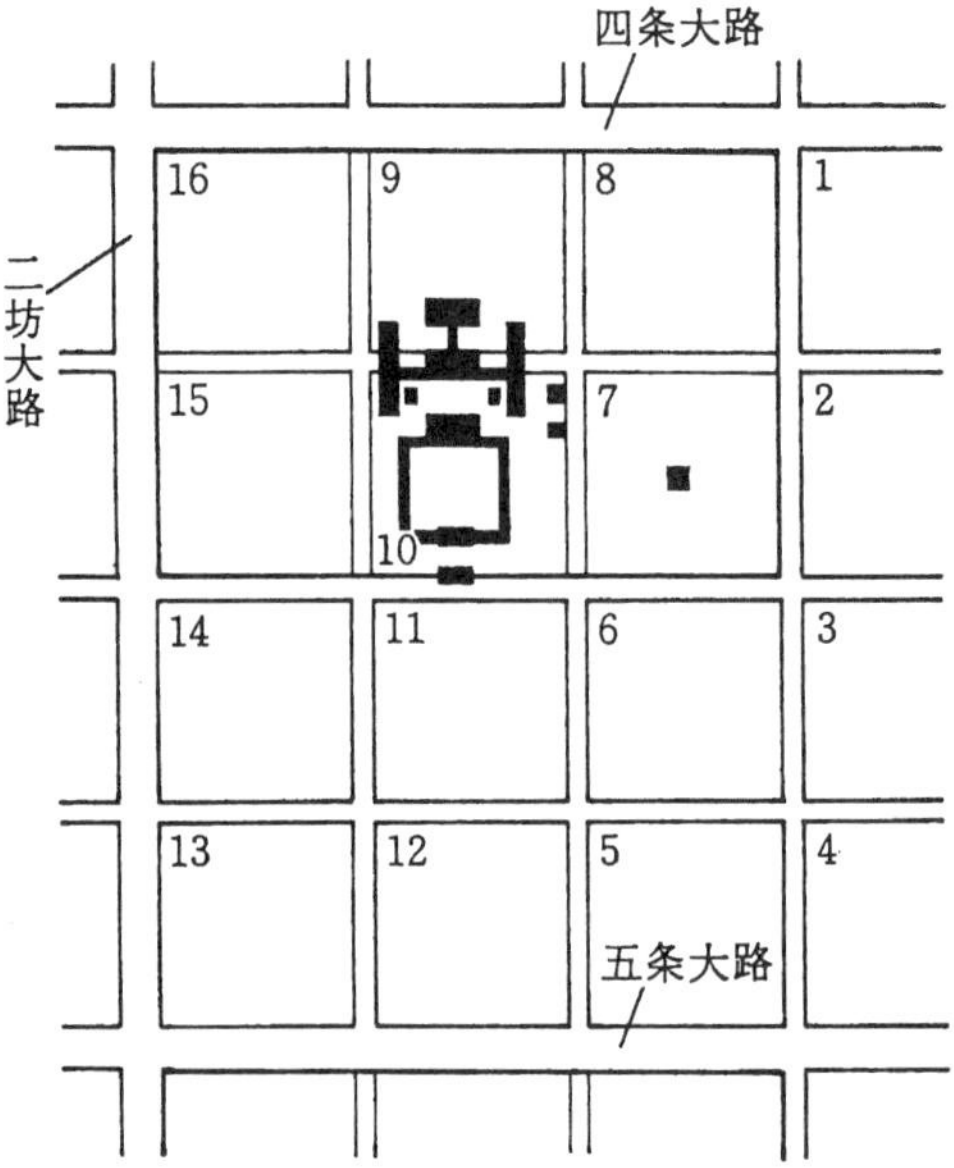

図45　寺地

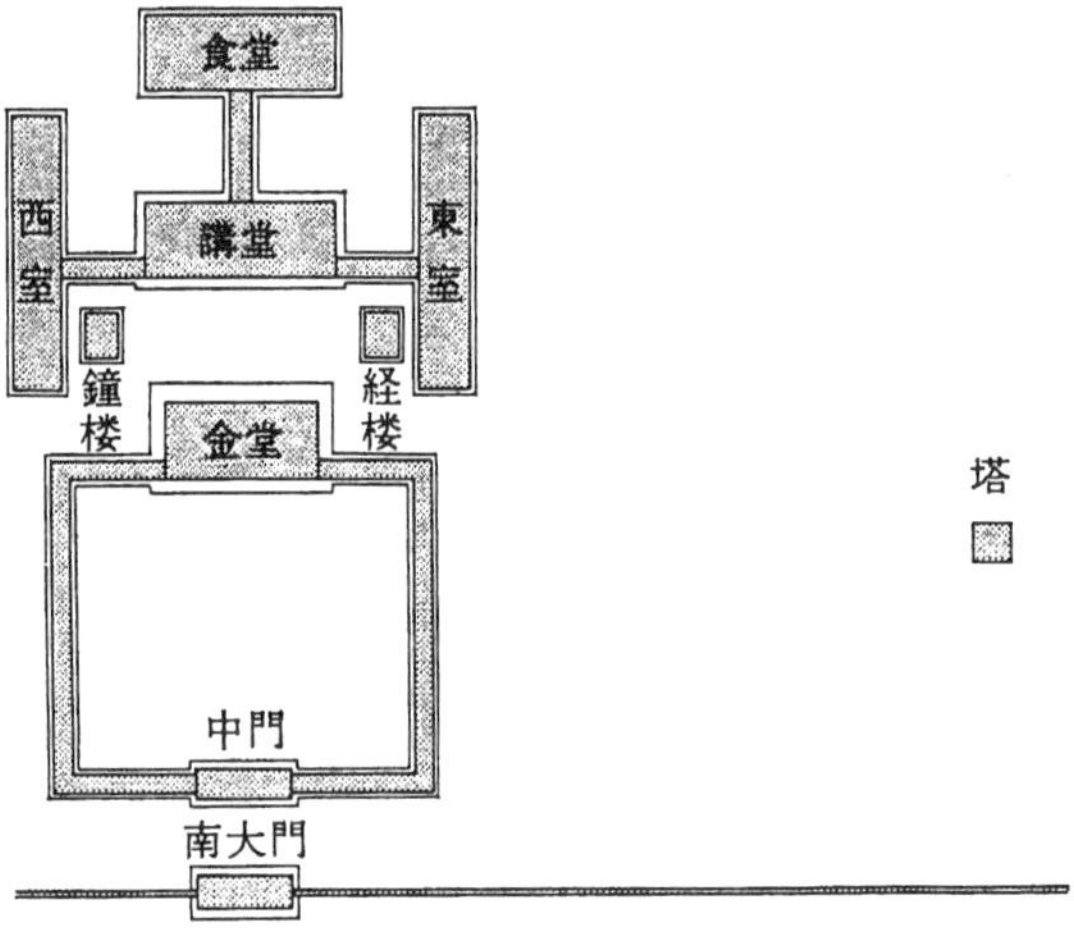

図46　伽藍復原図

金　堂

唐招提寺は官寺ではありませんので、当時の寺格からいえば、第二級に位する寺でした。奈良時代の大寺の金堂を見ますと、上の表のようになります。

大寺の金堂は裳階《もこし》つきのものが多いのが特色です。大安寺《だいあんじ》は裳階はありませんし、柱間《はしらま》の数は唐招提寺と同じですが、奈良尺《ならじゃく》で正面一一八尺、側面六〇尺で、唐招提寺の九四尺×四八尺より一回り大きく、興福寺東金堂《とうこんどう》は八〇尺×四〇尺で唐招提寺より小さくなっています。これからみて、唐招提寺金堂は平城京の諸大寺につぐ大きさをもっていたことがわかります。

唐招提寺金堂の屋根は寄棟造《よせむねづくり》です。この屋根は後世の修理で屋根勾配《こうばい》を急にしていますが、寄棟造という形式は変わっていません。大棟《おおむね》の西には創建当初の、東には元亨《げんこう》三（一三二三）年に模造した鴟尾《しび》が上がっています。各寺金堂の屋根をみますと、興福寺・東大寺は寄棟造、元興寺は入母屋造《いりもやづくり》です。薬師寺はわかりませんが、入母屋造の方がふさわしく思われます。法隆寺が入母屋造で、由緒も古く伽藍配置も回廊《かいろう》が講堂に連なっていた元興寺《がんこうじ》が入母屋造であったことからみますと、一般に金

金堂の規模

	桁行	梁行	裳階	
薬師寺	7間	4間	あり	二重
興福寺	7間	4間	あり	一重
元興寺	7間	4間	あり	一重
大安寺	7間	4間	なし	一重
東大寺	9間	5間	あり	一重
西大寺	9間	4間	なし	二重

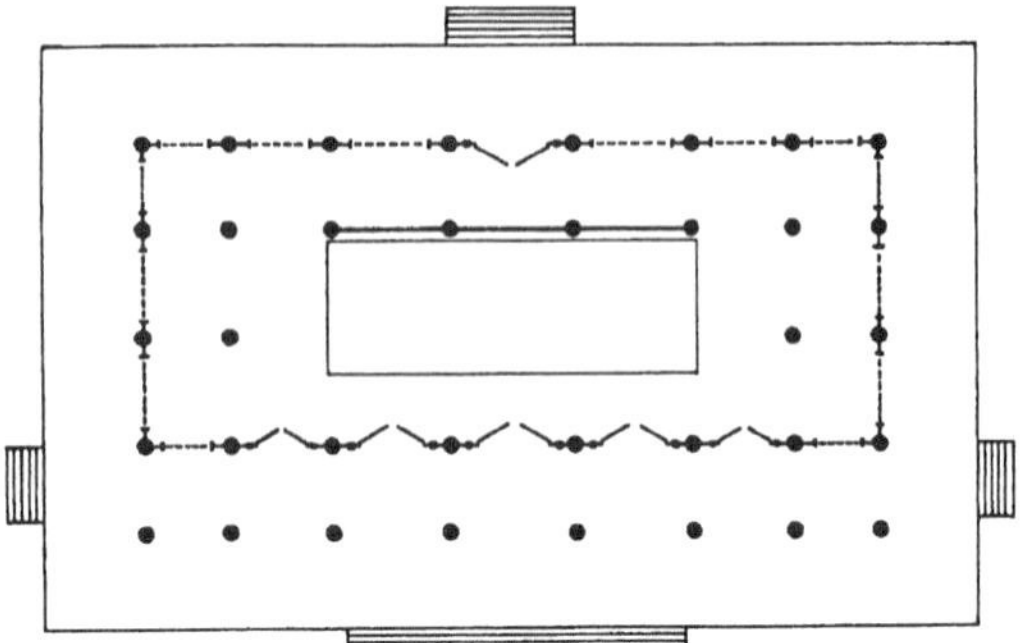

図47　金堂平面図

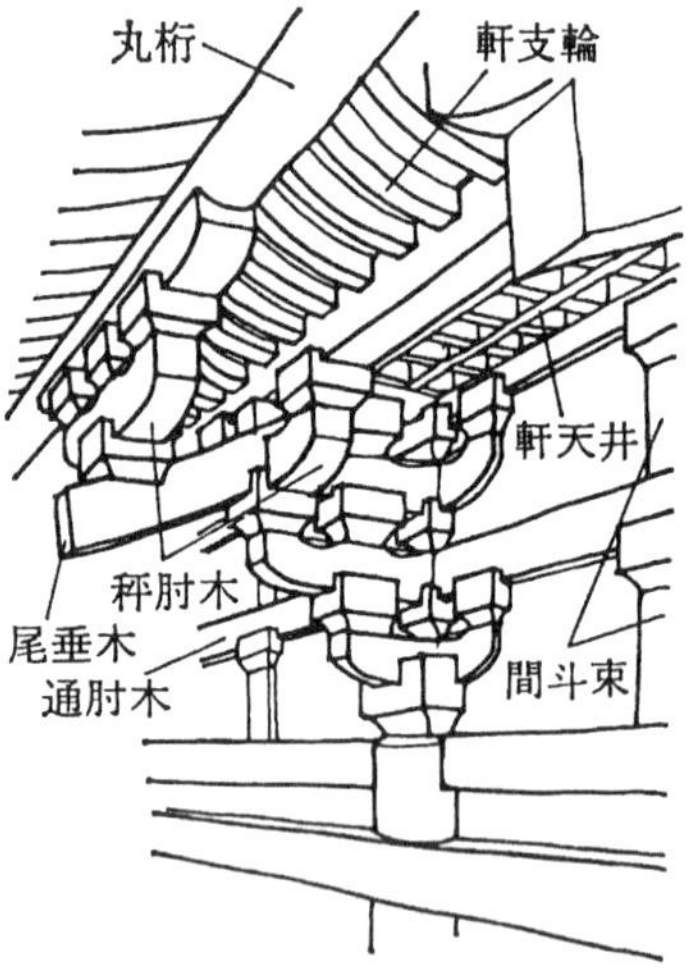

図48　金堂三手先（現状）

堂は入母屋造から寄棟造に変わっていったように考えられます。そうすると、寄棟造の屋根は奈良的なものとしていいでしょう。

金堂の前一間通《けんどお》りは吹放《ふきはな》しで、前に円柱《まるばしら》が並んでいます。唐招提寺金堂の美しさの大きな要素になっているのが、この列柱《れっちゅう》です。これは興福寺東金堂にも見られますが、回廊がこの柱間に連絡するためです。このような形式は明《みん》・清《しん》の様式を伝えた黄檗宗《おうばくしゅう》の寺院、たとえば京都の万福寺《まんぷくじ》などにも見られるもので、中国伝来の形式です。興福寺中金堂《ちゅうこんどう》は裳階が吹放しとなり、複廊の回廊の内側の部分が、そこに連なっていました。奈良時代には、前面吹放しの列柱

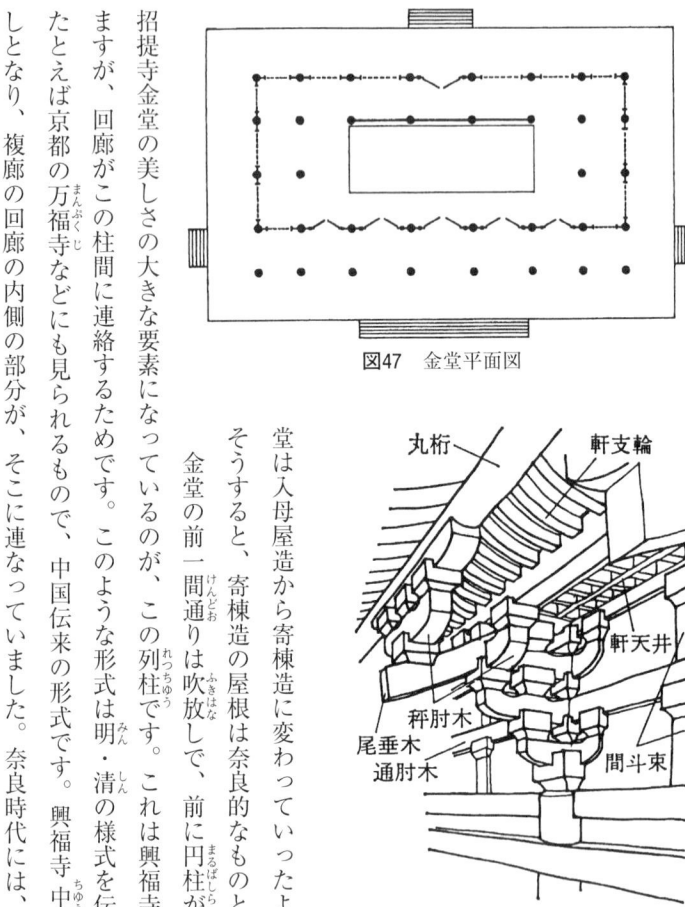

がもっとあったものと思われますが、具体的に見られるのはここだけです。

この金堂は正面五間《けん》と、背面中央一間が扉で、他はみな連子窓《れんじまど》になっています。法隆寺金堂が一つも窓をもたないのとまったく反対です。このような開放的な平面をもつ金堂が他にあったかどうかわかりませんが、金堂が閉鎖的なものから開放的なものに変わったことは、金堂の持つ性格の変化として注目すべき点でしょう。ただこんなに窓が多いと、壁が建物を支える大きな力となっていた古代の建築では、耐震性が欠けるのではないかと思われます。

組物を見ましょう。薬師寺東塔のところで説明しましたように、前方に三段肘木《ひじき》が出ていますので、三手先《みてさき》です。でも、東塔（図42参照）のとはだいぶ感じがちがうでしょう。どこがちがうかわかりますか。

東塔では丸桁《がぎょう》から内方にかなり広い軒天井《のきてんじょう》が張ってありました。この金堂では丸桁から斜めに曲線をもったところがあります。このような斜めに立ち上がったものを支輪《しりん》といい、軒にあるときは軒支《のきし》輪《りん》といいます。この軒支輪から内方は水平の組入天井《くみいれてんじょう》（軒天井）です。この辺の取扱い方は薬師寺東塔とちがい、この後の三手先はみなこの形式になります。

もう一つ、すぐ目につくことがあります。それは斗《ます》の上下の並び具合です。薬師寺東塔では肘木の先に斗があるだけです。ところが唐招提寺金堂では一手先目《ひとてさきめ》の斗の上にも斗があります。薬師寺東塔のように、肘木の先にだけ斗をおく形は、東大寺鎌倉再建に使われた宋の様式、大仏様などにもあり、

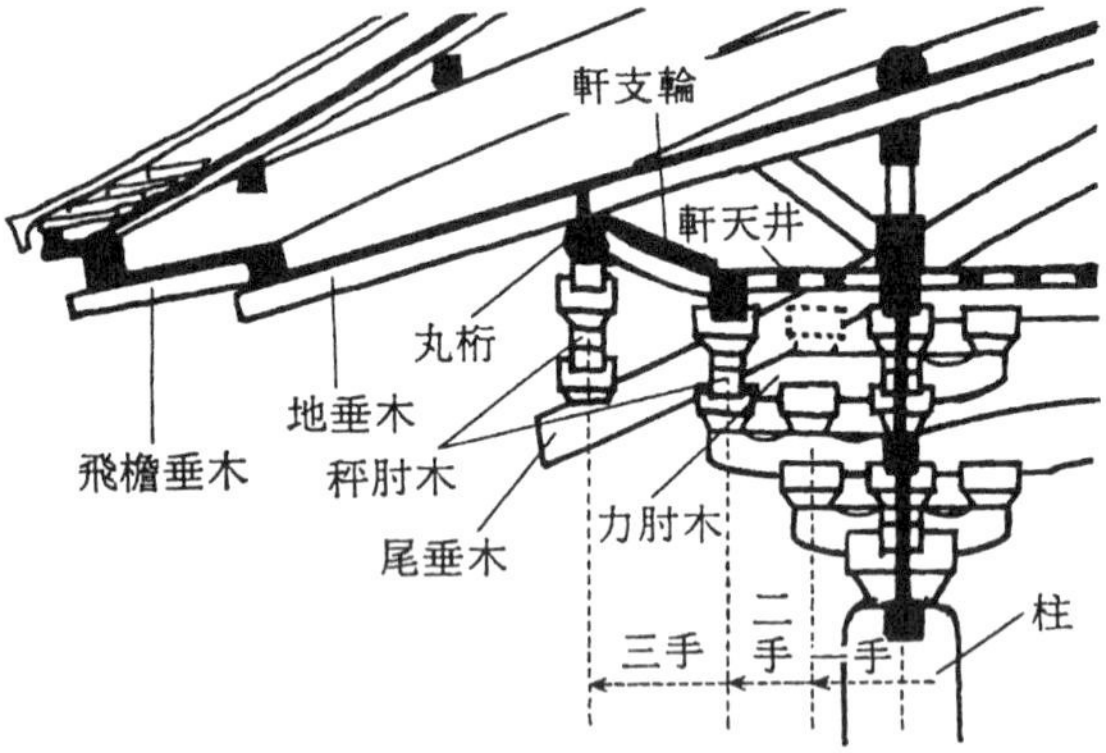

図49　金堂三手先断面図（一部復原）

中国風の技法です。唐招提寺では一手先目の斗のすぐ上だけでなく、またその上にも斗があって、上下に三つ斗が並びますが、この一番上の斗（図49の点線の斗）は尾垂木《おだるき》に横から張りつけた形だけのもので、当初のものではありません。このように、斗の上下の並びを重んじたのは、日本人の整備感とでもいいましょうか、きちんと並んでいないと間が抜けていると思ったからでしょう。このような整備感は、他のことでもいえるのですが、日本的意匠の一つの特徴です。

もう一つの違いは、唐招提寺では二手先目の斗の上に、壁と平行に肘木と三斗《みつと》がのっています。このように宙に浮かんで天秤のようになった肘木を秤肘木《はかりひじき》といいますが、これは支輪の下の桁を支えるためのもので、これによって、組物はいっそうにぎやかになりました（図48）。このような三手先の形式は、その後の三手先の基本となったものです。そのため、三手先は唐招提寺金堂で完成したといわれたこともありますが、三手先はまだ変化します。とくに隅のところでの発展が大きいのです。

ここで、法隆寺金堂、薬師寺東塔、唐招提寺金堂と三つの建物の軒裏をくらべてみましょう。法隆寺では壁と垂木とがつくる三角形は奥まで見え、軒裏が深く感じられます。薬師寺では平らな天井が張られて、ゆったりした感じを出しています。唐招提寺ではこの天井が水平な天井と斜めの支輪とに分かれ、整然としたまとまりを見せています。こうした軒裏の形の変化が建物全体の感じに大きく影響しているのです。

細部はともかくとして、組物全体の感じが薬師寺東塔と唐招提寺金堂ではかなりちがうでしょう。その一因はまえに述べた軒天井や斗の並び方などにありますが、大きな点は肘木の長さの違いです。薬師寺東塔の肘木の長さは大斗《だいと》の幅の二・五七倍ですが、唐招提寺金堂では二・〇〇倍です。奈良時代の三手先ではこの比の大きいものと小さいものとがあり、薬師寺東塔のは最大、唐招提寺金堂のは小さい方に属します。この肘木の長さと、組物の積み重なり方の違いが、薬師寺ではおおらかにのびのびとした感じをもたせ、唐招提寺ではきちんとした、やや固い感じをもたせているのです。

柱上には組物がありますが、組物と組物の間はかなり離れているので、その間に支えるものが必要です。それで組物と組物の間に上の水平材を支えるものを入れます。これを中備《なかぞなえ》といいますが、和様では斗《ます》と束《つか》を使った間斗束《けんとづか》または蟇股《かえるまた》を使います。三手先組物の壁つきの部分は、二段目の肘木に当たる材が隣の組物まで延びています。このように、二つ以上の組物に共通する肘木を通肘木《とおりひじき》（とおしひじきともいう）といいます（図48）。薬師寺でも（二重以上は柱間が狭いので初重だけ）、唐招提寺でも中備は二段になった間斗束を使っています。この二段になった間斗束は平安時代の中ごろまでで、平安末期以後は、上にもう一本通肘木がふえて、構造的には強化されますけれども、白壁にくっきり浮かび出た明快な美しさはなくなります。後で、興福寺のところでまた比較しましょう。

外を一通り見ましたので、中に入りましょう。内部は、正面柱間三間分に低い花崗岩製の仏壇があり、盧舎那仏《るしやなぶつ》坐像を中心に、千手観音《せんじゆかんのん》と薬師如来の立像が安置されています。三像ともかなり巨大な像で、中に入って拝むより外から拝する方が適当と思われます。おそらく創立当時にあっては、各種の儀式は庭前で行なう庭儀《ていぎ》だったのでしょう。

母屋柱《もやばしら》上の内方に出組《でぐみ》の組物をおき、虹梁《こうりよう》を前後にかけ、蟇股を二つおいて折上組入天井《おりあげくみいれてんじよう》を張っています。折上げになったところ（支輪）はまだ傾斜はゆるく、後世のものほど急に曲がっていません。しかし、蟇股の形は、法隆寺の経楼《きようろう》や伝法堂《でんぽうどう》などより曲線が複雑になり、それだけ時代が下ることを思わせます（図26）。

剝落が多くてよく見えないのですが、組入天井・支輪・蟇股・組物は極彩色《ごくさいしき》で飾られていました。支輪や組入天井のごく一部に復原してあるので、見ることができます。他の建物、たとえば法隆寺金堂や、薬師寺東塔でも、天井に彩色はありますが、虹梁や組物などは丹塗《にぬり》のままでした。このように、極彩色で飾るのが当時の装飾法で、私たちは彩色の剝落した、あるいは丹塗と白壁だけのあっさりした装飾だけを見なれていますので、昔の、建ったときの状態をなかなか頭に描けないのですが、奈良時代の建物はたいへんけばけばしいものだったのです。唐招提寺金堂の内部は、そのことをよく物語っています。

講　堂

講堂はもちろんどの寺にもあったものですが、後になりますと、必要性があまりなくなりますので、再建されることが少なく、遺構はごくわずかしかありません。奈良時代のものは唐招提寺講堂と法隆寺伝法堂《でんぽうどう》、平安時代のものは法隆寺講堂だけです。

唐招提寺講堂は平城宮《へいじょうきゅう》の朝集殿《ちょうしゅうでん》を移し、そのとき、切妻造《きりづまづくり》を入母屋造《いりもやづくり》に改めています。伝法堂は切妻造ですが、これは法隆寺の東院という、寺院としては一段格の低いものだったから切妻造でもさしつかえなかったので、唐招提寺は勅願の大寺ではありませんが、これに次ぐ寺格をもつ寺ですから、入母屋造にする必要があったのでしょう。

その後、鎌倉時代に大改修をうけ、柱を切り縮め、柱・組物・垂木《たるき》を削って細くし、柱に貫《ぬき》を入れ、組物を大斗肘木《だいとひじき》から三斗組《みつとぐみ》にし、中央部の天井を折上小組格天井《おりあげこぐみごうてんじょう》にし、小屋組《こやぐみ》を改めて野垂木《のだるき》を加え、扉を桟唐戸《さんからと》にし、窓の細部を改めるなど、まったく鎌倉風になっています。したがって、ここでは現状に沿って説明していきましょう。

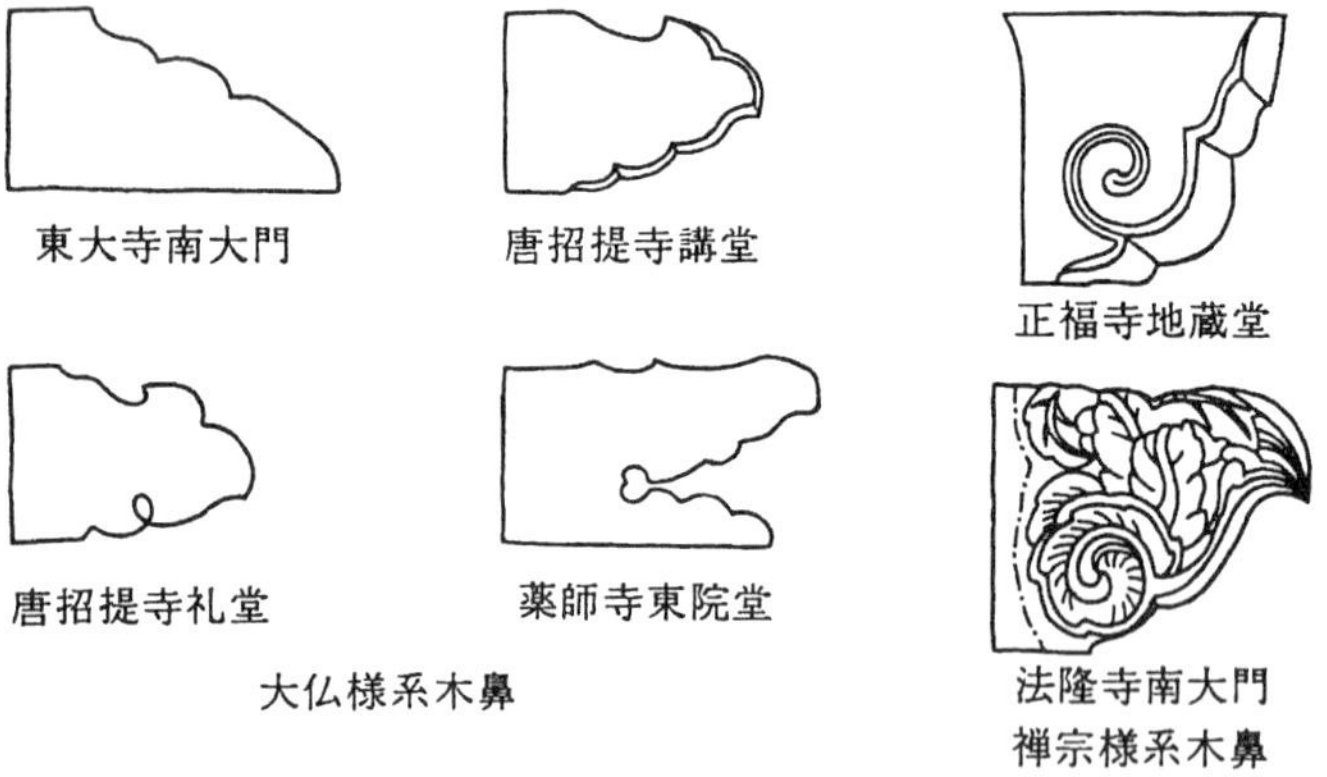

図50　木鼻各種

平面は七間に二間の母屋《もや》の四周に庇《ひさし》をつけたもので、戸口は正面五間、側面各一間、背面三間についています。側面前端の間が戸口になっているのは、もと東西の僧房からの回廊がここに取りついていたからです。背面に三つ戸口があるのは、多くの衆僧《しゅうそう》が出入りするためでしょう。窓は前面両端各二間で、これら戸口や窓の位置は変わっていないものと思われます。

柱には一番上の頭貫《かしらぬき》、戸口や窓の上の貫（これを内法貫《うちのりぬき》といいます）、窓下の腰貫《こしぬき》があり、頭貫には木鼻《きばな》がついています。長押《なげし》は全然ありません。扉は桟唐戸で、これらの点は薬師寺東院堂と同様の新和様《しんわよう》で、この建物が改造された建治《けんじ》元（一二七五）年ころの様式をよく示しています。頭貫木鼻は大仏様《だいぶつよう》のぐりぐりの繰形《くりかた》（舎利殿《しゃりでん》にみられます）から変化して、後に象鼻《ぞうばな》といわれるものになります。この講堂の木鼻は東院堂のものとともに、一三世紀の中ごろ、そのような変化が出てきたことを知る好材料です。

木鼻は、大仏様のものと禅宗様《ぜんしゅうよう》のものとありました。大仏様のものは長く延びていますので、上下に繰形《くりかた》がつくようになり、先が二つに分かれるものもできます。薬師寺東院堂の木鼻がその例です。こうして、上の長い方が象の鼻のようになり、室町時代にはさらに複雑な形へと発展し、桃山時代以後、まったく象や竜を模したものになります。

禅宗様のものは、室町時代まではそう輪郭は変わりませんが、渦巻が複雑になり、あるいはそこに若葉文様を刻んだものになります。この方も近世になりますと複雑化し、大仏様系とも禅宗様系ともいえないものになります。木鼻の発達はひと目見ればすぐわかるものなので、年代判定の基準になります。もっとも時代が降っても古い形式が残ることも多く、また、建物本体は古くても、木鼻だけ新しいものと変えることもありますので、その点、十分な観察が必要です。

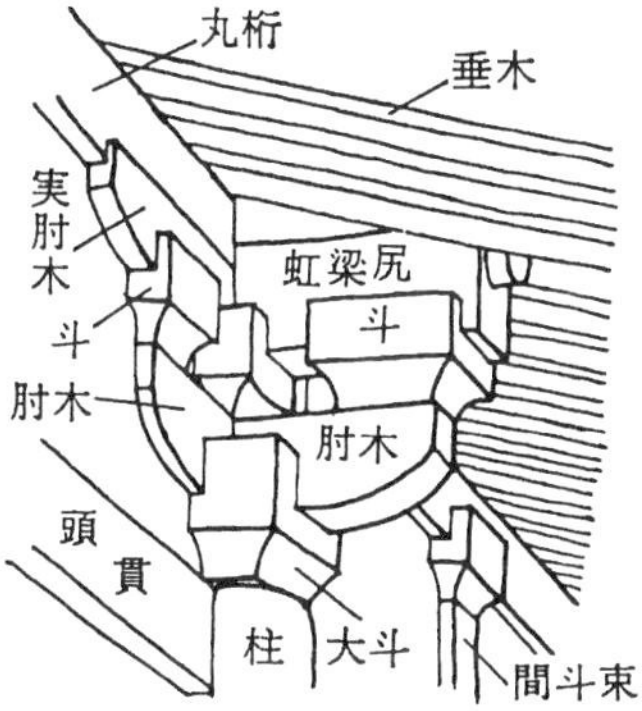

図51　出三斗（講堂）

組物は三斗組《みつとぐみ》ですが、いままで見てきた二斗組とちがって、肘木が前方にも出ています。この肘木の上の斗《ます》は内方から出ている虹梁《こうりょう》の先を支えています。これを出三斗《でみつと》と呼び、これまでのものを平三斗《ひらみつと》といいます。法隆寺講堂などでは虹梁は大斗《だいと》上にすぐのっていたのですが、ここではもう少し上、壁つきの肘木上の斗の上にかかり、肘木を前方に出して虹梁の先を支えるのでこの形になったのです。出三斗は鎌倉時代以後、盛んに使われるようになりました。肘木が前方に出ているので、出組《でぐみ》（一手先《ひとてさき》）とまちがえないでください。一手先、二手先というのは、垂木《たるき》を支えている丸桁《がぎょう》が、壁から前方に出ている度合いをいうので、図51のように、肘木が前方に出ていても、その先の斗で丸桁を支えていないものは出三斗《でみつと》で、出組ではありません。

頭貫《かしらぬき》の上の中備《なかぞなえ》は、間斗束《けんとづか》の下に蟇股《かえるまた》が入っています。これは大斗肘木を出三斗に改造したため、頭貫と桁との間が長くなったので、内部で天井を改造したため要らなくなった蟇股をもってきて入れたものです。ずいぶん便宜的な、大胆なやり方ですが、そう不自然でないから不思議です。おそらくこれは東大寺法華堂礼堂《ほっけどうらいどう》の中備《なかぞなえ》から思いついたものでしょう。

内部は庇が化粧屋根裏《けしょうやねうら》、母屋が折上組入天井《おりあげくみいれてんじょう》で、本尊の上だけさらに折上小組格天井《おりあげこぐみごうてんじょう》を張り、その下に盲連子《めくられんじ》（連子の間のすいていないもの）を入れています。天井下の小壁《こかべ》に盲連子を入れるのは薬師寺東院堂でもみられるもので、これも鎌倉時代に好んで用いられた手法です。

このように、現在はまったく鎌倉時代の様式に変わっていますが、最初に述べたように復原してみますと、この建物ができた奈良時代にはもっと木太く、簡素で落ち着いた姿だったのです。

この建物は奈良時代の講堂の姿を伝えるうえで重要なものですが、平城宮の建物の形を直接知りうるただ一つの例として、たいへん貴重なものです。

舎利殿その他

舎利殿《しゃりでん》は、今は鼓楼《ころう》と呼ばれていますが、江戸時代の中ごろつけられた名称で、太鼓をおいたことはありませんので、本書では舎利殿として述べます。

金堂と講堂との間、東側にある二重の建物で、元来は経楼《きょうろう》として建てられたものですが、鑑真《がんじん》が唐からもってきた舎利を安置しているので、舎利殿と呼ばれます。この名称がいつからのものかわかりませんが、おそらく舎利信仰が盛んになった鎌倉時代、この建物が再建された仁治《にんじ》元（一二四〇）年からでしょう。

最初の経楼は法隆寺でみたような形であったと思われますが、仁治再建のとき、床を張り、回縁《まわりえん》を初重にもめぐらして建てたのでしょう。入母屋造《いりもやづくり》で壁がまったくなく、柱間《はしらま》全部が戸口と窓になっているのも、舎利殿として仏堂的な扱いをしたためと考えられます。初重では連子《れんじ》の間が透いていて、仏堂的なのに、二重では盲連子《めくられんじ》になっているのは、下が舎利殿で、上が経蔵という機能の違いからきているのでしょう。

奈良時代の経楼は、西正面であるはずですが、この建物は東側の高欄の中央だけが切ってあり、東正面になっています。これは東にある建物が、舎利殿の礼堂《らいどう》として造られ、東から礼拝するようになったので、東正面になったものです。

この建物は和様《わよう》でできていますが、頭貫木鼻《かしらぬききばな》があり、床の下にも貫《ぬき》（足固貫《あしがためぬき》といいます）が通っていて、大仏様《だいぶつよう》の影響がみられます。この木鼻は東大寺南大門のものと同じ形の大仏様本来のもので、講堂の木鼻とくらべてくださると、講堂のものが、大仏様の木鼻の発達したものであることがよくわかると思います。

全体に木割《きわり》（部材の比例）も細くこぢんまりと、きちんとした意匠で、奈良時代のものにくらべ、おおらかさがなく、固い感じになっていることがわかるでしょう。

舎利殿の東の長い建物は、北半が東室《ひがしむろ》、南半が礼堂です。この建物は、もと僧房《そうぼう》の一つの東室であったものを、建仁《けんにん》二（一二〇二）年に貞慶《じょうけい》が南半を念仏道場に改造し、さらに弘安《こうあん》六（一二八三）年改築して南半を舎利殿の礼堂としても用いるようにしたものです。

北半は東室として僧房のままだったのですが、内部がいろいろに使用されて、間仕切《まじきり》がはっきりしませんので、復原されず、広い一室になっています。しかし、外を見ますと連子窓《れんじまど》、扉、連子窓と三間分で一単位になっていることがはっきりわかり、この三間分が僧房の一房だったのです。

南半の礼堂は南に広縁、東に向拝《こうはい》がつき、両方を正面とした珍しい平面になっています。扉は桟唐戸《さんからど》で、頭貫に木鼻がつき、内法貫《うちのりぬき》・足固貫を通し、大仏様を採り入れた新和様で、木鼻が講堂のものより進んだ形になっているので、建仁でなく弘安の再建と考えられています。

向拝というのは、建物の正面の屋根を一部分長く延ばして、礼拝のための場所としたものです。そこには階段がつきますので、階段の濡れるのを防ぐという意味で階隠《はしかくし》とも呼ばれます。礼堂は西にある舎利殿の舎利を拝むための建物なので、東側に桁行《けたゆき》五間の向拝がついています。ふつうの向拝は土間ですが、ここでは板敷になっています。このような形の向拝は珍しく、似たものとしては、京都三十三間堂のものがあります。

向拝は神社では春日造《かすがづくり》のような古いものがありますので、奈良時代からあったと思われますが、住宅では平安時代、寺院では平安時代末からと思われます。向拝の遺構としては、鎌倉時代のものが最古です。

向拝は付属的なものなので、主屋《しゅおく》が円柱《まるばしら》でも向拝の方は角柱《かくばしら》とします。これは主屋と裳階の関係と同じです。角柱は角を四五度に削るのがふつうで、これを面といいます。奈良時代までの角柱、たとえば法隆寺金堂裳階、薬師寺東塔裳階は角柱ですが面をとっていません。しかし平等院鳳凰堂の裳階柱は大きな面をとっていて、断面は八角形に近くなっています。面の大きさ（柱の径で面の幅を割った比で表わします。

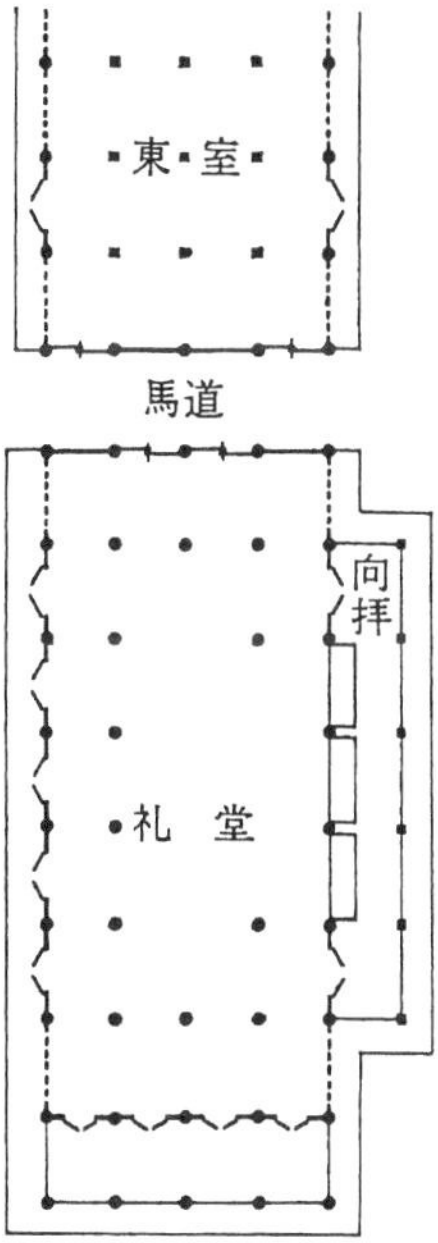

図52　東室・礼堂平面図

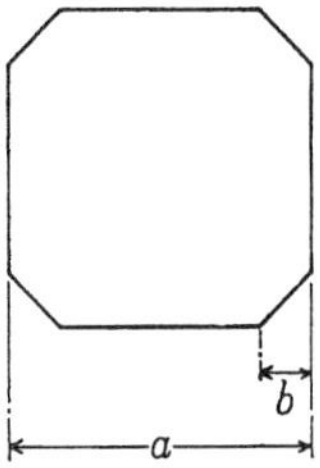

図53　柱面取

図53のb/a）はごく大ざっぱにいいますと、平安時代では1/5くらい、鎌倉時代は1/6―1/7、室町時代は1/8―1/9、桃山・江戸時代初期は1/10となり、末期にはごく小さいものとなります。これは比較的簡単に調べられますので、近くの建物で測ってみてください。ただし礼堂向拝の柱の面は小さく、これに当てはまりません。

礼堂の東には二棟《とう》の小さい倉（宝蔵《ほうぞう》・経蔵《きょうぞう》）があります。二棟とも三角形の材（校木《あぜき》）をつみあげて壁体とした、いわゆる校倉造《あぜくらづくり》です。寺院には多くの倉がありましたが、唐招提寺では三棟あったうちの二棟が残っています。倉のうち重要なものはみなこのように校倉造で、床を高く張っていました。

木材を横に積んで壁体とするものに、丸太倉《まるたぐら》（丸太を組んだもの）、板倉《いたぐら》（厚い板を組んだもの）などがあって、北欧、シベリア、カナダなどにみられる建築構造ですが、日本では倉にだけ用いられ、断面三角形の校倉が多く、板倉も一部あります。柱がなく、横材を組んで壁体としたところに特徴があり、校倉はもと東大寺の倉だった正倉院宝庫をはじめ、江戸時代のものまで、約二十棟が残っています。

床が高く、木材は湿気を吸うので、土蔵のように湿《しっ》ける心配がなく物の保存に適しています。しかし、よくいわれるように、雨が降ると材が湿気を吸って太くなり、間隙を閉じ、天気になると乾燥して収縮し、間隙があき、自然的に湿度を調節するというほど効果があるものではなく、外気より条件が悪くならないといった程度の効用です。

Ⅳ 興福寺

歴史と伽藍配置

近鉄奈良駅を下りて、東へ向かうと、右が興福寺です。左側には裁判所や県庁が建っていますが、ここも江戸時代までは興福寺内で、一乗院《いちじょういん》を初めとする多くの子院《しいん》がありました。興福寺はいまでは公園のなかにいくつかの堂塔が散在しているという感じで、どこがお寺なのかわからない状態になっていますが、昔は建物の大きさでは東大寺にはかないませんが、寺の勢力からいえば、東大寺を上回る力をもっていました。

興福寺が藤原氏の氏寺《うじでら》だったことはみなさんご承知でしょうが、その創立は藤原氏の祖、鎌足《かまたり》までさかのぼります。

興福寺は天智《てんぢ》八（六六九）年、藤原鎌足《ふじわらのかまたり》の妻鏡女王《かがみのみこ》が、鎌足の造立《ぞうりゅう》した釈迦三尊《しゃかさんぞん》を安置して山階寺《やましなでら》を建てたのに始まると伝えています。その後、寺は飛鳥の地に移されて厩坂寺《うまやさかでら》となり、平城遷《へいじょうせん》都《と》に際して、平城京に移され興福寺となったといいます。興福寺となってからも、山階寺・厩坂寺ともいわれていますので、そういった前身の寺があったことは確かですが、その場所は明らかでありませんし、どの程度の大きさの寺だったのかも分かりません。

平城京における興福寺の造営はかなり早く進んだものと思われます。いま史料に見える各堂塔の造立年次を表記しますと次のようになります。

養老《ようろう》五（七二一）年　北円堂
神亀《じんき》三（七二六）年　東金堂《とうこんどう》
天平《てんぴょう》二（七三〇）年　五重塔
天平六（七三四）年　西金堂《さいこんどう》

これで見ると、中心の中金堂院《ちゅうこんどういん》の一郭の造立時期が不明ということになりますが、周辺部の建物より先にできているはずなので、養老五年以前としていいでしょう。北円堂・五重塔・西金堂はみな一年以内で完成していますから、中心部の造立は遷都後まもなくだったと思われます。

伽藍は平城京の東に隣接して造られた外京三条七坊にあり、三条大路に南大門を開き、入るとすぐ中門があり、中門から複廊が出て中金堂に達します。中金堂の北に講堂、その前左右に鐘楼《しょうろう》・経蔵《きょうぞう》（経楼《きょうろう》）があり、これを包んで東・北・西に三面僧房《さんめんそうぼう》が立ち、食堂《じきどう》は講堂の東方にあって、細殿《ほそどの》・盛《もり》殿《どの》・大炊殿《おおいどの》などが付属していました。

中金堂院の東方には東金堂と五重塔があり、西方には北円堂・西金堂が造られ、遅れて五重塔と対

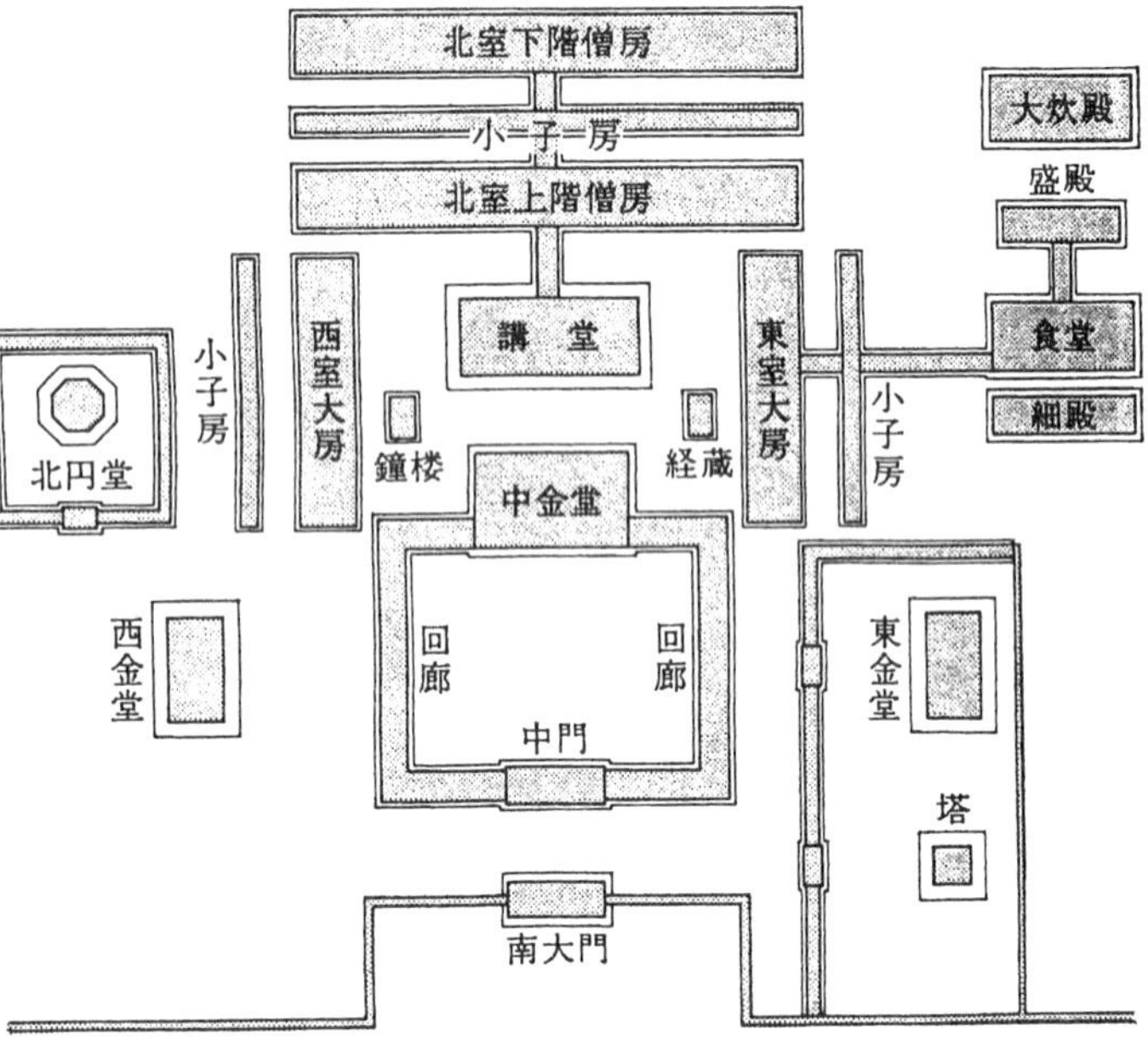

図54　伽藍復原図

称の位置に、弘仁《こうにん》四（八一三）年南円堂が建てられました。この配置は奈良時代の典型的なものといっていいでしょう。注目すべき点は僧房に梁行《はりゆき》の狭い小子房《しょうしぼう》が付属していること、北円堂や東金堂・五重塔などにも回廊がめぐらされていたことなどです。

この奈良時代の前半に完成した伽藍は、その後、しばしば大火に見舞われています。しかしそのたび、ただちに再建が行なわれていることは、興福寺が藤原氏の氏寺として、いかに大きな勢力をもっていたかを示すものです。

第一回の大火は永承《えいしょう》元（一〇四六）年で、ひきつづき、康平《こうへい》三（一〇六〇）年、永長《えいちょう》元（一〇九六）年と焼け、数年で再建されていますが、治承《じしょう》四（一一八〇）年には平重衡《たいらのしげひら》の兵火で一棟《とう》も残さず焼きはらわれました。その再建には平安時代より年月がかかり、約三十年を要しています。その後は建治《けんじ》三（一二七七）年、嘉暦《かりやく》二（一三二七）年と焼け、嘉暦の火災後は七二年後の応永《おうえい》六（一三九九）年に再建供養をしています。寺の勢力がかなり衰えたことがわかります。その後は応永一八（一四一一）年に東金堂と五重塔が罹災し、再建されただけで、珍しく長年月無事だったのですが、中金堂院の一郭は享保《きょうほう》二（一七一七）年に焼け、南円堂が再建されただけで、中金堂も仮堂《かりどう》がようやく建ったにすぎませんでした。平安時代に焼けても焼けてもすぐ再建されているのにくらべ、たいへんな違いでした。

興福寺に徹底的な打撃をあたえたのは明治の廃仏毀釈《はいぶつきしゃく》で、寺は無住となり、幸いに残っていた食堂・宝蔵も破壊され、寺地はとりあげられ、宝物は寺外に流出し、古建築としてはわずかに北円堂・南円堂・三重塔・東金堂・五重塔・大湯屋《おおゆや》を残すだけとなり、往時の盛観は見るによしない有様となりました。

しかし、明治三〇（一八九七）年の古社寺保存法《こしゃじほぞんほう》以来、建築・彫刻などが指定されて保存が計られ、戦後は国宝館が建設されて、寺宝の多くはここに収納展示され、また最近では薬師寺の旧金堂を講堂跡に移建し、境内の整備も徐々に進められています。

北円堂と三重塔

北円堂　治承《じしょう》四（一一八〇）年に平重衡によって焼きはらわれた興福寺はただちに再建にかかり、建久《けんきゅう》五（一一九四）年にほぼ出来上がり、供養が行なわれましたが、北円堂はそれより遅れ、承元《しょうげん》四（一二一〇）年ころ完成しています。

北円堂は夢殿《ゆめどの》より直径で四五センチほど大きいだけで、だいたいの形式はほぼ同じです。しかし、北円堂の方がずっとせいが高く見えます。それは北円堂の柱が夢殿より六〇センチ近く高く、また組物も二段多く重ねているからです。このような全体の比例の違いは、夢殿が奈良時代の形を伝えているのにたいし、北円堂が鎌倉時代の再建によるからだともいえるかもしれませんが、北円堂の柱の高さは資財帳に記されたものとほぼ同じと認められますので、組物が二段になっていることや、屋根勾配が急なことを除けば、北円堂のように軸部の立ちが高いものが奈良時代からあり、あるいはこの方がより中国的だったのではないかとも考えられます。

北円堂の組物は隅では三手《みて》出ており、その結果、壁面では三斗《みつと》が二段に重なっています。そして組物間には夢殿にはない間斗束《けんとづか》が使われていますので、軸部の上方はずっとにぎやかになっています。垂木《たるき》は珍しい三軒《みのき》で、地垂木《じだるき》の上に二段飛檐垂木《ひえんだるき》があります。このような三軒の例は南円堂も同様ですが、他には京都御所紫宸殿《ししんでん》の例があるだけです。地垂木《じだるき》の断面は六角形です。奈良時代では円形断面のものが多く、藤原時代の平等院鳳凰堂《びょうどういんほうおうどう》では楕円《だえん》ですから、これは奈良時代の手法の名残りとみられるでしょう。

内部に入って見ると、母屋《もや》の間斗束《けんとづか》の両側に文様《もんよう》が描かれています。この蟇股《かえるまた》に似た形の文様を笈形《おいがた》といいますが、『信貴山縁起絵巻《しぎさんえんぎえまき》』に描かれた東大寺大仏殿にもあり、これも奈良時代以来のものを伝えたと考えられます。この笈形は京都の法界寺阿弥陀堂《ほうかいじあみだどう》にも見られます。天井は組入天井《くみいれてんじょう》を母屋《もや》全部に張り、中央に板状の天蓋《てんがい》をつくり、いずれも極彩色《ごくさいしき》で装飾しています。

北円堂で注目すべき点は大仏様《だいぶつよう》の影響が見られることです。外部からはわかりませんが、扉や窓のすぐ上に打った長押《なげし》（内法長押《うちのりなげし》）のところに貫《ぬき》が入り、この貫は隅柱《すみばしら》のなかで噛み合わされ、軸部をしっかりと固めています（一〇七ページ参照）。この技法は東大寺再建にあたり採用された大仏様の技法で、一三世紀もごく早い時期に和様《わよう》の中に採り入れられていることは注目すべきことといわなければなりません。こうした点からみますと、母屋柱《もやばしら》と庇柱《ひさしばしら》の間に虹梁《こうりょう》を二段かけ、その先を肘木《ひじき》として隅木《すみぎ》を支えている工法や、二段に重なった平三斗《ひらみつと》など、みな大仏様の影響によるものと考えざるをえません。また中央の地垂木一本をとくに太くして軒を支えることに役立たせていることも、構造的な面を考慮したものといえます。

このように、北円堂は新しい中国の構造的手法をいち早く採り入れながら、外観は和様そのままとしてまとめあげているところに、当時の工匠の苦心をみとることができます。

三　重　塔　寺地の西南隅、一段低いところに建っている三重塔は崇徳院《すとくいん》の中宮《ちゅうぐう》、皇嘉門院《こうかもんいん》によって康治《こうじ》二（一一四三）年に建てられ、治承の兵火に焼け、その後再建されたものです。再建の年代ははっきりしませんが、興福寺の復興状態からみて、鎌倉時代の初期だと考えられます。

この塔は床を張り、回縁《まわりえん》をめぐらした和様《わよう》の三重塔です。二重・三重は定法通り三手先《みてさき》の組物を使っていますが、初重は出組《でぐみ》という、変わった形式をとっています。このような例は、長野県の大法寺《だいほうじ》三重塔（鎌倉時代）、石川県の那谷寺《なたでら》三重塔（江戸時代）にも見られるものですが、各重の軒の総長を見ますと、他の三重塔と同様の比例になっています。なぜこのように初重だけ出組にしたのかといいますと、出組は三手先より肘木《ひじき》二手《ふたて》分だけ短いわけですから、軒の出を同じとすれば、二手分だけ初重の柱間を広くできることになります。つまり、初重内部をできるだけ広くとり、しかも軒全体の比例は変えないという苦心の作なのです。

またこの塔の心柱は初重の桔木《はねぎ》の上におかれた盤上に立っていて、礎石までとどいていません。このように、心柱を初重の上に立てるものが三重塔には多かったことが、平安時代末のお公家《くげ》さんの日記に見えており、これも初重内部を広く使うための工夫だったのです。とくに密教では五仏を安置するため、中央に心柱があっては邪魔なので、このようにしたのだと思われます。もっともこの塔では四天柱内を対角線状に板で区切り、千体仏を描いているのですから、心柱を下まで通しても、使用上

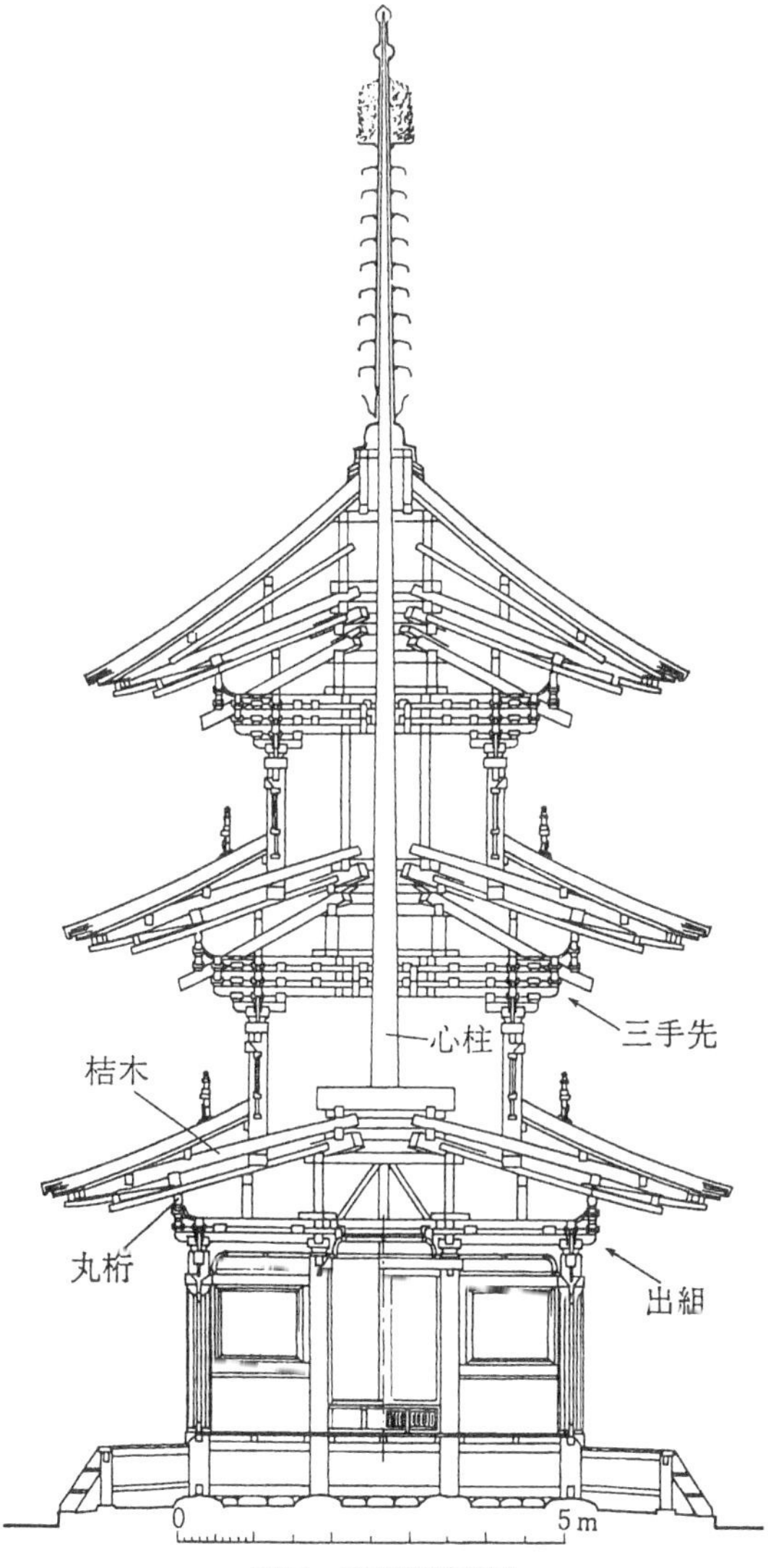

図55　三重塔断面図

は不都合なかったのですが、当時の三重塔の一般的な工法によったのでしょう。

塔は閉じてあって見られませんが、内部には極彩色《ごくさいしき》の装飾が残っています。堂内にすべて彩色を行なったのは、平等院鳳凰堂などには見られますが、他の堂には見られません。しかし塔内は装飾をするのがふつうだったようで、各地の塔でみることができます。

この塔は木割《きわり》も細く、全体に繊細な感じでできていて、北円堂が木太く堂々としているのと対照的です。これは北円堂が奈良時代創立のものであり、三重塔が平安時代末の創立によるという、それぞれの時代の様式を伝えるものでしょう。平安時代末には奈良風とちがった優美な様式が京都で成立しており、それが朝廷や藤原氏を通じて奈良へも入ってきていたことを物語っています。

東金堂と五重塔

東金堂は神亀《じんき》三（七二六）年聖武《しょうむ》天皇が叔母にあたる元正太上天皇《げんしょうだいじょう》の病気平癒を祈って造立されたもので、五重塔は天平《てんぴょう》二（七三〇）年光明《こうみょう》皇后の御願によって建立《こんりゅう》されたものです。両方をあわせて東院仏殿院《ぶつでんいん》と呼び、築地《ついじ》で区画されていました。

東金堂と塔とはすぐ隣にありましたから、いつもいっしょに焼け、創立以来六回焼失し、東金堂は応永《おうえい》二二（一四一五）年、五重塔は同三三年に再建されたものです。享保《きょうほう》二（一七一七）年の火災に中金堂院の一郭は焼けましたが、少し離れている北円堂・三重塔と東金堂・五重塔は延焼をまぬかれました。明治維新の廃仏毀釈で寺は無住となり、五重塔は売りに出され、買った古物商が解体していたのでは手間がかかるから、火をつけて焼き、焼け跡から相輪を回収しようとしたところ、付近の住民が延焼を恐れて猛反対し、ようやく事なきをえたということで、今ではまったく考えられない話です。

東金堂　東金堂は桁行《けたゆき》七間《けん》、梁行《はりゆき》四間で、屋根は寄棟造《よせむねづくり》、前一間を吹放しにするという、唐招提寺金堂と同じような形です。大きな違いは、吹放しの側面が壁になっていることと、周囲三方が窓でなくて壁になっていることです。この二つは外観にかなり大きく影響していますが、直観的にすぐ感じることは、東金堂の方が高くみえることでしょう。平面の大きさは唐招提寺金堂の方が正面で四・五メートルほど長く、側面でも一・七メートルほど大きいのですから、棟の高さは唐招提寺の方が高くなるはずですが、実際は両者同じで、それだけ東金堂の方が高い感じをあたえるわけです。現在の唐招提寺金堂は後世屋根を急にしていますので、当初の状態とくらべると、この差はもっと大きくなります。

しかし、外観にあたえる丈《せい》の高い感じは、柱の長さがもっとも大きくきいています。ふつう、堂の正面中央の柱間《はしらま》（柱の中心から中心まで）と柱の高さはほぼ同じです。唐招提寺金堂では柱の高さを中央の柱間距離で割ると、一・〇四になります。ところが東金堂では一・三五です。この正面柱間の長

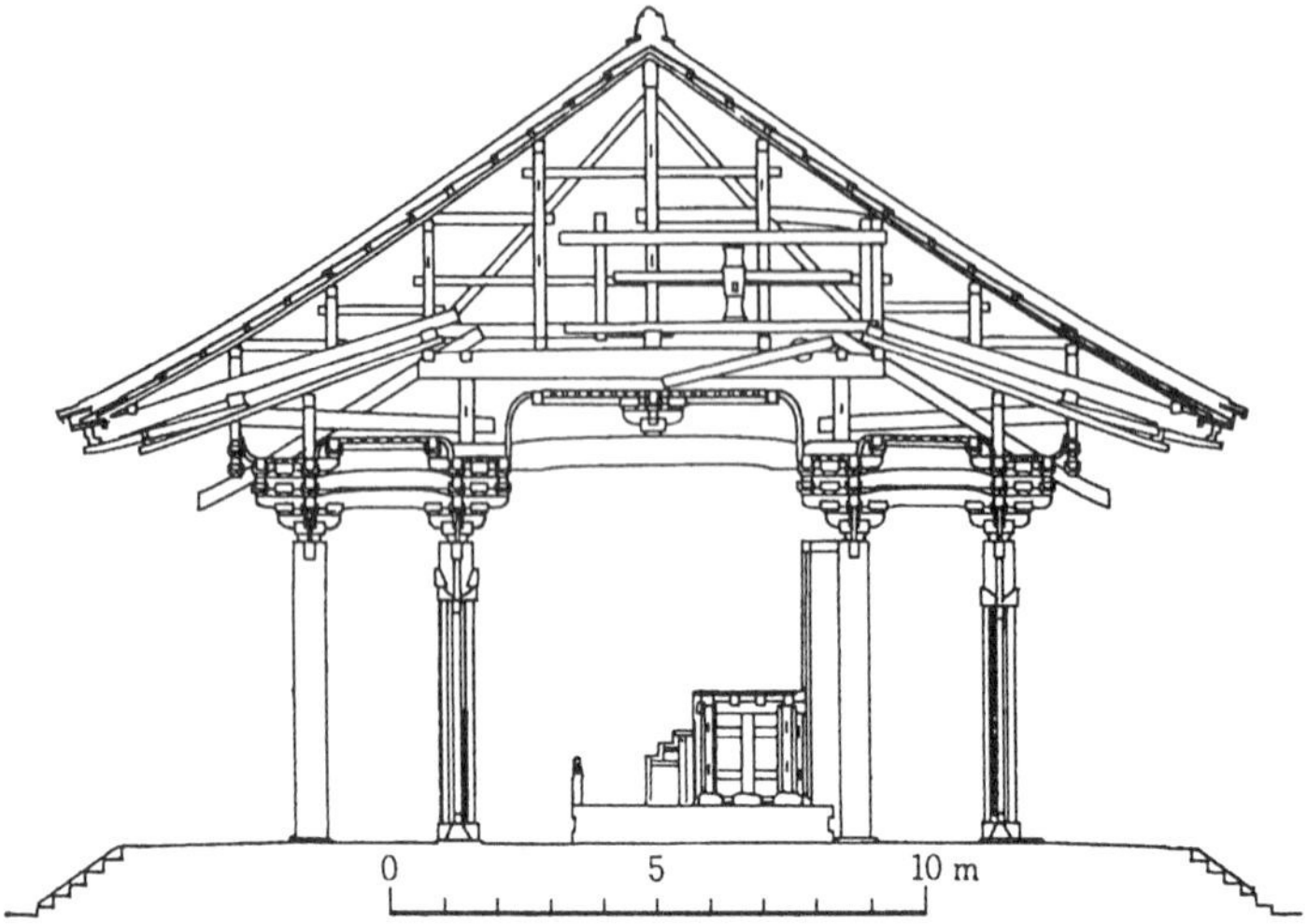

興福寺東金堂（右）の断面図

方形が、どのような形、つまり正方形に近いか、縦長のものか、横長になるかが、建物の立面の姿を形成する基本になります。日本の建築で、中央間の形が東金堂ほど縦長のものは他に例がありません。

なぜこのような形になったかというと、断面図で明らかなように、庇《ひさし》の柱も母屋《もや》の柱も同じ高さだからなのです。ふつうは唐招提寺金堂のように、庇の柱は低く、母屋の柱は高くします。内方に行くだけ屋根は高くなるのですから、その方が自然です。母屋柱と庇柱とが同高なのは塔だけです。

ところが、中国宋《そう》時代の『営造法式《えいぞうほうしき》』という建築書（一一〇三年）を見ますと、母屋柱と庇柱とが同高なのを「殿堂」といい、庇柱が低いのを「庁堂」といい、「殿堂」を格の高いものとしています。東金堂はこの中国の格式によったのでしょ

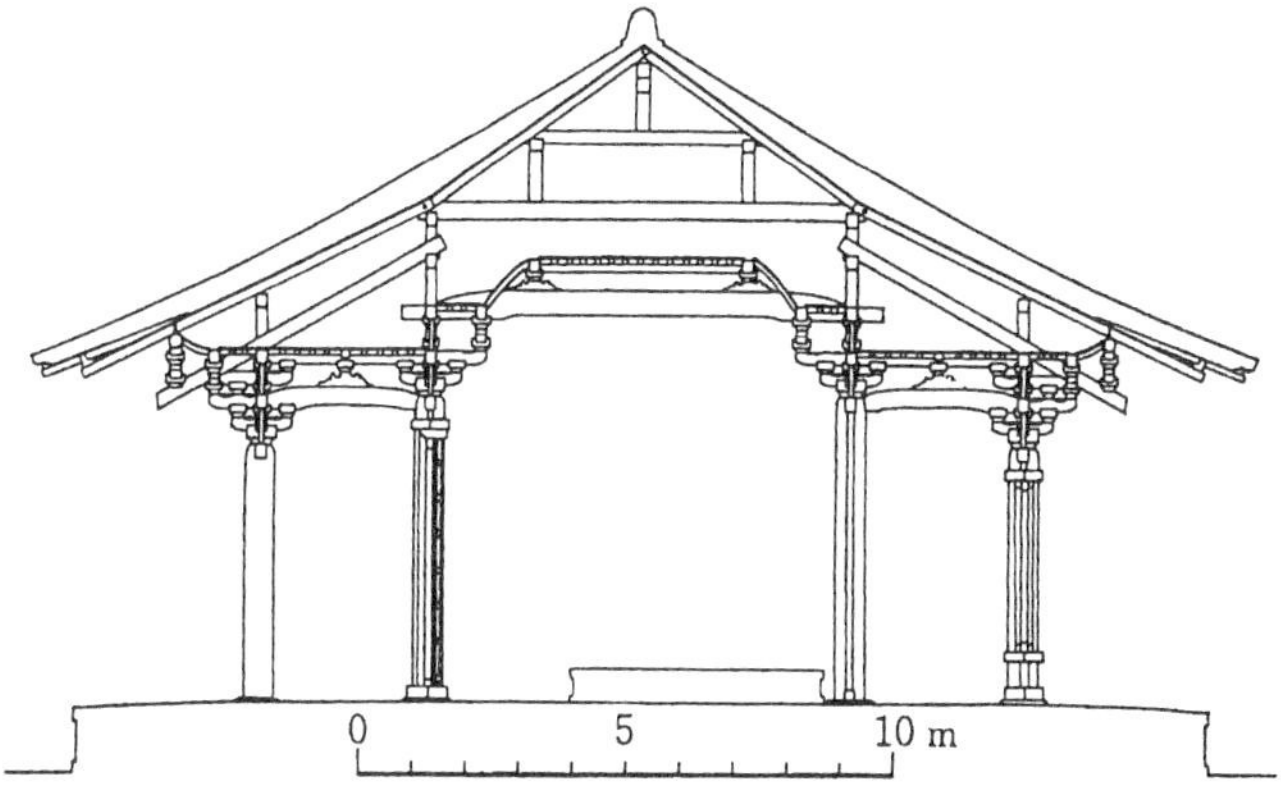

図56　唐招提寺金堂復原（左）と

うか。他に例がないといいましたが、実のところ、もう一つあるのです。それは法隆寺の金堂です。したがって、飛鳥時代にこの形式が伝わっていたことは間違いありません。そうすると、東金堂のこの構造形式は七世紀ころに伝来したものを、そのまま六回もの罹災にもかかわらず伝えたものと考えなければならないでしょう。この形式がどの程度使われたかは、奈良・平安時代の金堂が唐招提寺にしか残っていないので、確かめることができません。

　側面に回ってみましょう。この柱間《はしらま》と柱の高さの比は隅の柱間が狭くなるので、いっそう目立ちます。隅の間では柱の高さは柱間の二・〇倍です（唐招提寺では一・五、法隆寺では一・七）。しかも間に水平材は入っていませんので、たいへん縦長の長方形の連続になります。唐招提寺では連子窓《れんじまど》があり、上下に長押《なげし》が打ってあるので、柱と長押のかこむ長方形は隅の間でも正方形に近くなります。建物の立面の感じを大きく規制するのが、この柱と水平材とで形成する長方形の形です。それが縦長になるほど、建物の垂直的な感じを強め、正方形あるいは横長になれば水平的な感じとなります。私はこの水平的なものへの移行、それが日本的意匠の一つだと考えていますが、そのような観点に立つと、東金堂の軸部《じくぶ》の比例はたいへん中国的だといわざるをえないでしょう。

五重塔　五重塔は高さが五〇・一メートルあり、京都の東寺の五重塔についで高い塔です。奈良時代には一五丈一尺（奈良尺《ならじゃく》なので、約四四・八メートル）だったというのですから、再建をくりかえすなかで五メートルほど高くなったことになります。五重塔の初重の柱間と全高の比は五八ページに出しましたように、だいたい時代が後になるほど大きくなります。この塔も時代の風潮に従ったものでしょう。

基壇上に立ち、長押をうち、台輪《だいわ》をのせ、三手先《みてさき》の組物をおいて二軒《ふたのき》の垂木《たるき》をかけるなど、古代以来の塔の基本形をふんでいますが、同じ三手先でも奈良時代のものとは少しちがっています。三手先は唐招提寺金堂のもので、ほぼその形式は整ったのですが、隅のところの処理がだんだんと変わっていきます。これはあまり専門的になりますので略します。

もう一つの発展は、壁つきの肘木《ひじき》は二段目のものだけが長い通肘木《とおりひじき》になっていて、そのため中備《なかぞなえ》に間斗束《けんとづか》が上下二段になっていたのが、三段目の肘木も通肘木になって、上の間斗束が斗だけになったことです。肘木の変化はあまり気がつかないかもしれませんが、この方は外観にかなりひびきますので、少し注意されるとすぐ分かると思います。二段になった間斗束は、白壁にくっきりと浮かんで、いかにも明るい感じがあるのですが、もう一本通肘木が入りますと、白壁がぐっと減り、左右を連結する構造力はましますが、白壁の美しさが減ずることは否めません。これは平安時代末からの変化で、部材が細くなっていったため、構造の強化が計られた結果とみることができます。

東金堂にしても五重塔にしても、薬師寺東塔や唐招提寺金堂にくらべると、ずっと固い感じがするでしょう。それは組物が整然として、肘木の長さが短くなり、部材の大きさがきちんと揃い、むらがなくなったことに起因することが大きいといえます。垂木《たるき》は奈良時代のものより細くなり、その間隔もきちんと一定していてむらがありません。

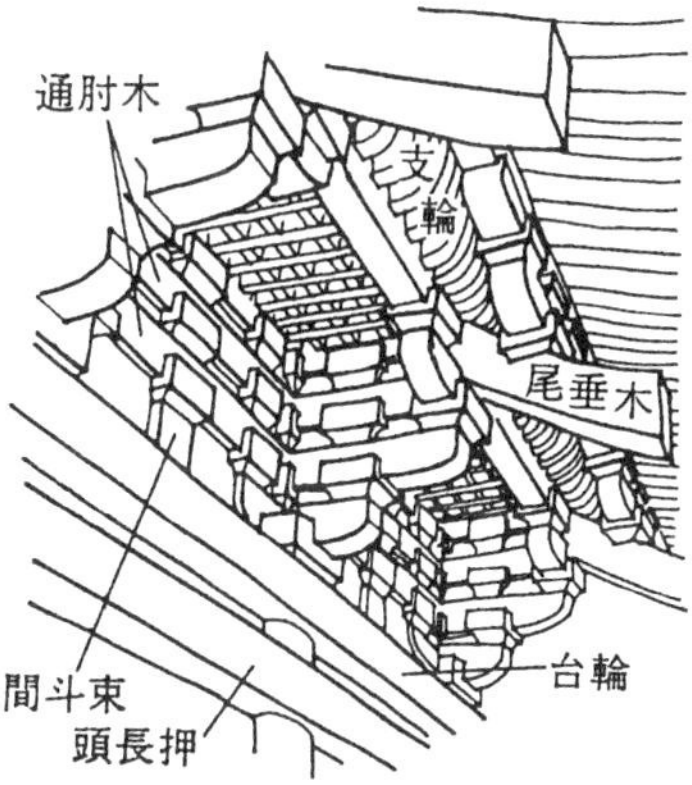

図57　三手先（興福寺五重塔）

垂木の中心から隣の垂木の中心までの水平距離を一支《いっし》（一枝）といいます。近世の建築では一支の寸法は各重、各柱間どこでも同一で、これを建物各部の基準寸法としています。それで柱間寸法は一支の整数倍となっています。たとえば桃山時代に書かれた『匠明《しょうみょう》』という建築書では、五重塔の柱間寸法を初重では中央の間《ま》一二支、左右の間各一〇支とし、二重では一二支に九支、三重では一〇支と九支、四重では九支に八支、五重では八支に七支としだいに小さくしています。したがって、垂木の数をかぞえれば、柱間の比は整数値で表わされます。東寺の五重塔（江戸時代）は初重は中央の間一二支、左右の間各一一支で、計三四支、五重では中央も脇も八支で計二四支ですから、その比は三四分の二四で、〇・七〇六となり、実際の寸法の比もこれとまったく同じで、一支寸法は各重ともすべて同じです。

ところが興福寺五重塔の支数は東寺五重塔と同じですが、初重と五重の実長の比は〇・六九六となり、支数の比、〇・七〇六と完全には一致しません。これは一支の長さが初重より五重の方がわずかに小さくなっているためです。このように、中世の建物では一致しないものが多いのですが、それでも支数をかぞえれば、柱間《はしらま》の比はほぼわかります。これは五重塔にかぎらず、三重塔でも仏堂でも同じです。また軒の出も同じ一支寸法で造られていますので、古建築を見るとき、垂木の数をかぞえると、建物の大体の比例がわかります。近所の建物で垂木数を勘定して、比例を調べるのもおもしろいでしょう。

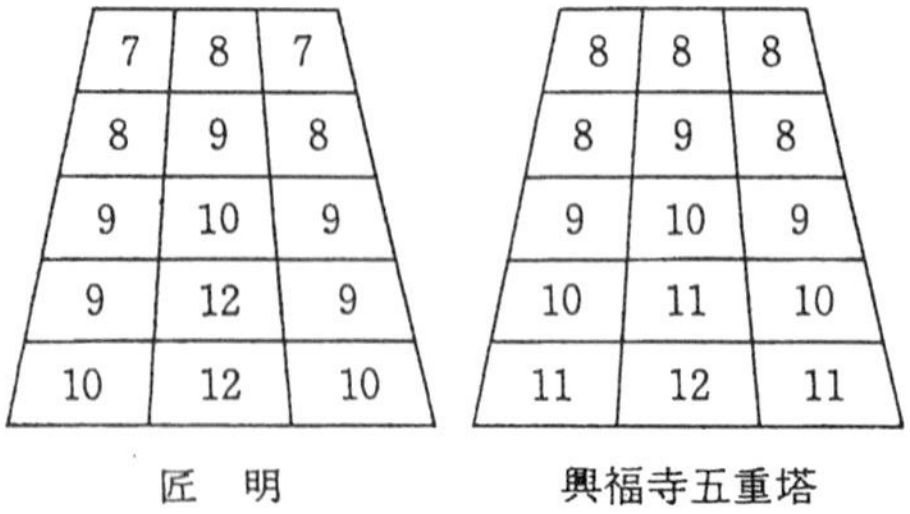

図58　五重塔の支割

古代でも、たとえば法隆寺五重塔は一支が飛鳥尺《あすかじゃく》の七寸五分（曲尺《かねじゃく》の八寸八分、二七センチ弱）で、初重中央の間は一〇支、脇の間は七支となっており、薬師寺東塔の主屋《しゆおく》では一支は奈良尺の一尺で、初重の柱間は三間とも八尺ですから、柱間が一支の整数倍になっています。ところが、平安・鎌倉時代のものは、柱間などによって一支寸法がちがっており、古代のような単純な数値になりません。また近世では同一寸法の一支を単位として設計されていますが、一支の寸法が細かいので、柱間寸法にも端数がつきます。この変化については、複雑な問題があり、不明の点も多いので、ここでは事実の指摘にとどめましょう。

東金堂や五重塔では前方に出ている肘木の先端にのる斗だけは別に造ってありますが、肘木の途中にのる斗は薄い半ぺらのものを横から打ちつけただけです。要するに、肘木の丈《せい》を高くし、斗の分までふくめた一木とし、上の方をすこし彫りくぼめて白く塗ってあるのです。横架材《おうかざい》のすは高くなればなるだけ荷重《かじゆう》に耐えられますので、このような工夫をしたので、これはここだけにかぎらず中世建築一般に見られる構造的な発達です。

東金堂と五重塔とは、細部にははっきりと中世風の手法を見せていますが、木割《きわり》がとくに太く、貫《ぬき》や木鼻《きばな》などの新様式は用いず、地垂木《じだるき》が楕円の断面をもつなど、古風なところがたくさんあります。そのためこれを復古的とよく書かれていますが、再建にあたり、新しくなっていたものを、奈良的にもどしたのではなく、再建のたびに旧様をできるだけ忠実に踏襲してきた、保守的なものとみる方がいいと思います。

V 東大寺

歴史

奈良に向かう電車が西大寺《さいだいじ》の駅をすぎて、平城宮跡《へいじょうきゅうあと》にさしかかると、東に大仏殿（金堂《こんどう》）の黄金《おうごん》の鴟尾《しび》が燦然《さんぜん》と光り輝いているのが見えます。いまでは奈良市内に高層の建物が建ち、見えにくくなっていますが、昔は奈良盆地の北部からなら、どこからでもこの景観を望みえたでしょう。大仏殿の前には高さ一〇〇メートルの七重塔が二つあったのですから、その九輪《くりん》の輝きもくわわって、いっそうの壮観であったと思われます。

この三国一の大伽藍《だいがらん》を誇る東大寺も、最初からここに造立《ぞうりゅう》が企てられたのではありませんでした。天平《てんぴょう》一五（七四三）年聖武《しょうむ》天皇は大仏造立の詔《みことのり》を出されました。その二年前、天皇は諸国に僧寺《そうじ》と尼寺《にじ》を建てるよう命ぜられ、いわゆる諸国国分寺《こくぶんじ》の制を定められていますので、この大仏造立の詔は全国の総国分寺的な発想であったと思われます。この総国分寺造立の地としては、離宮のあった近江南部の紫香楽《しがらき》（現在の滋賀県甲賀郡信楽町《こうがぐんしがらきちょう》）、が選ばれ、天平一六年には大仏の骨柱《こっちゅう》が立てられました。

しかし、政治的にいろいろ問題があったとみえ、翌一七年、大仏造立は平城京に移されることになりました。これが東大寺のはじまりです。天平一七年に着工された大仏は天平一九年から天平《てんぴょう》勝宝《しょうほう》元（七四九）年まで二年かかって鋳造を終わり、天平勝宝四年に開眼供養されましたが、このとき大仏のすべてが完成したのではなく、光背ができたのは宝亀《ほうき》二（七七一）年でした。大仏殿は大仏の鋳造が終わらないと着手できませんので、天平勝宝元年ころ着工し、開眼供養のあった同四年にはほぼ出来上がっていましたが、彩色など装飾的な工事はその後もつづいています。

大仏殿にひきつづいて造営された講堂は、天平勝宝五年からはじめて、天平宝字《てんぴょうほうじ》四（七六〇）年には完成していたようです。塔は西塔の方が先で、天平勝宝五年には完成しており、東塔の方も天平宝字年間にはできたとみられます。その他の食堂《じきどう》・僧房《そうぼう》などは天平宝字六年にはまだ造営中で、僧房の完成したのは延暦《えんりゃく》元（七八二）年と考えられます。

以上、伽藍の造立は三〇年に及んでいますが、なにぶんにも他に類のない大伽藍ですから、造営期間としては、驚くべき早さだというべきでしょう。

寺地は興福寺のある外京《がいきょう》よりも東、山にかけての場所が選ばれ、山地をふくみますので正確には測れませんが、平城京の条坊の広さでいうと五〇町にものぼる広大な寺地でした。二条大路から一町南の小路の延長上に南大門を開き、これを入ると、高さ一〇〇メートルに及ぶ七重塔が東西に建ち、それぞれ回廊《かいろう》をめぐらしていました。大仏殿は正面の長さが約八八メートル、奥行が約五二メートル、

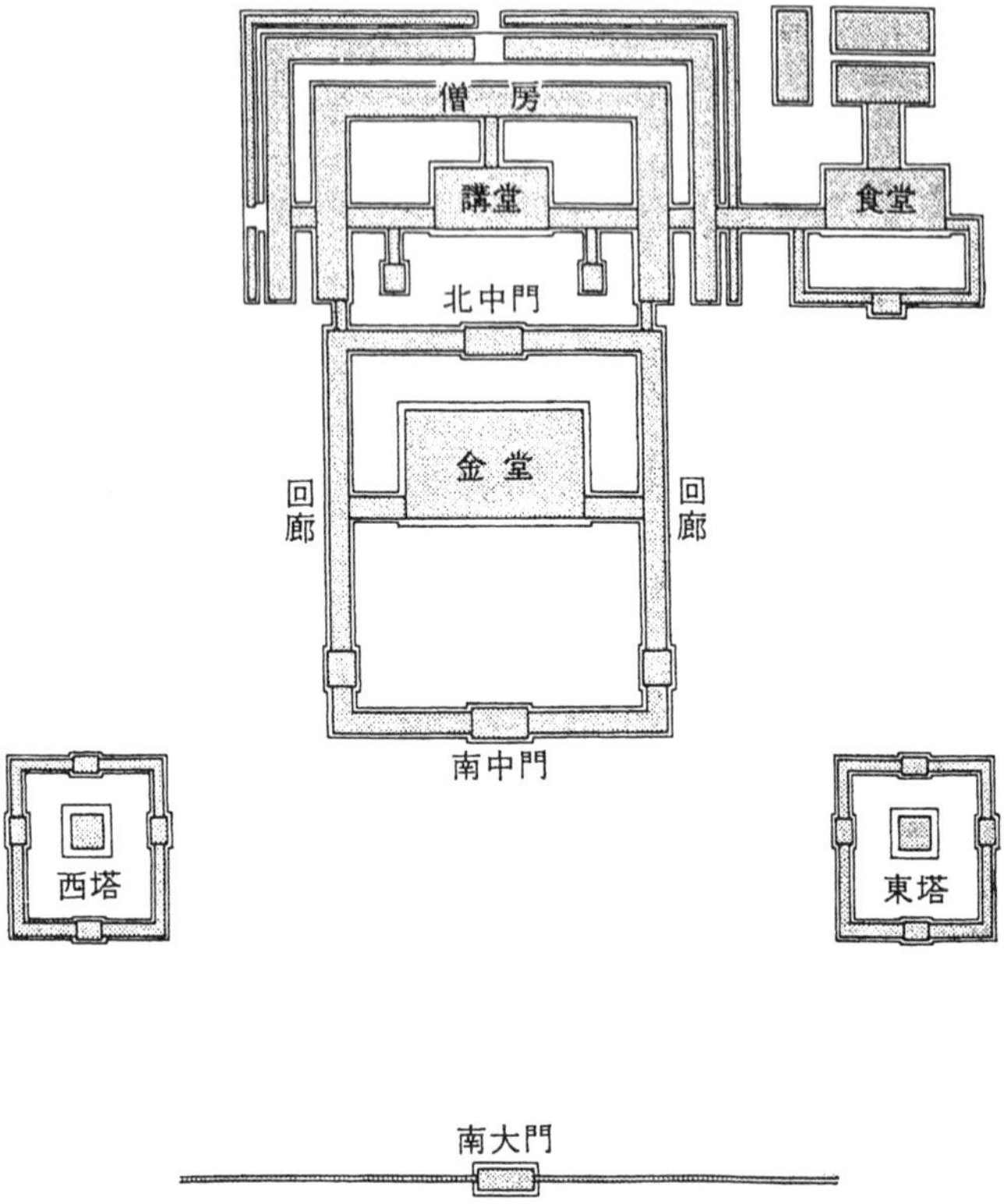

図59　伽藍復原図

高さ約四七メートルという巨大なもので、複《ふく》廊《ろう》でとり囲まれ、南北に中門《ちゆうもん》を開いていました。講堂は金堂の後ろにあり、三面僧房《さんめんそうぼう》をめぐらし、食堂は興福寺と同じように、講堂の東にありました。

現在の大仏殿は江戸時代に正面を約七割に縮小して再建されたものですが、最近行なわれた瓦の葺替《ふきか》えだけでも五〇億円近くの巨費を要したことからみて、いかに大きいかがわかるでしょう。

東大寺は講堂・西塔の罹災はありましたが、興福寺のように大火災にかかることなく四〇〇年を過ごしました。しかし治承《じしょう》四（一一八〇）年の兵火では興福寺とともに全焼してしまいました。興福寺が朝廷や藤原氏の援助によって再建が行なわれたのとちがって、東大寺の方はまったく自力で復興しなければなりませんでした。このとき大勧進《だいかんじん》に任命された僧重源《ちょうげん》は諸国に勧進して、まず頭部の焼け落ちた大仏の鋳造からはじめ、文治《ぶんじ》元（一一八五）年には開眼供養を行ない、源頼朝《みなもとのよりとも》の庇護をうけて、大仏殿の再建に着手しました。そして建久《けんきゅう》六（一一九五）年には大仏殿の供養を行ない、建《けん》仁《にん》三（一二〇三）年には中門・回廊・南大門《なんだいもん》も完成して総供養を行なっています。しかし総供養といっても、講堂・僧房・塔はまだで、東塔ができたのは安貞《あんてい》元（一二二七）年、講堂と僧房が完成したのは建長《けんちょう》年間（一二五〇年ころ）で、復興工事はこのころ一段落したようです。西塔は建治《けんじ》元（一二七五）年に着工しましたが、完成したときはわからず、食堂はついに再建にいたりませんでした。

東大寺はこの再建事業にあたり、重源が宋《そう》の鋳師《いし》陳和卿《ちんなけい》を招いて大仏の鋳造に当たらせましたが、陳和卿は木工事にも経験が深かったとみえ、重源は彼を惣大工《そうだいく》として堂宇の再建に当たらせ、重源が宋で見てきた建築様式によって工事を進めました。

このため、七、八世紀以来、中国の影響を受けることなく進んできたわが国の建築界に、ふたたび中国の様式が入り、仏教建築界に大きな影響をあたえることとなりました。この様式を大仏様《だいぶつよう》といいます。

鎌倉再建後の東大寺は康安《こうあん》二（一三六二）年に東塔、文安《ぶんあん》三（一四四六）年に戒壇院《かいだんいん》、永正《えいしょう》五（一五〇八）年に講堂・僧房が火災にかかり、戒壇院は再建されましたが、寺運はかなり衰えていましたので、他は再建されないままでした。そこへ永禄《えいろく》一〇（一五六七）年の兵火があり、大仏殿以下、中央部はすべて焼失し、大仏もふたたび頭部が焼け落ちるという大災害にあいました。大仏だけは銅板で補修が行なわれましたが、もはや大仏殿を建てるだけの資力はなく、大仏は露仏《ろぶつ》のままでおかれました。

この状態を嘆いて再興に志したのが東大寺の僧公慶《こうけい》で、貞享《じょうきょう》三（一六八六）年まず大仏の鋳造をはじめ、ついで大仏殿の造立にかかり、元禄《げんろく》五（一六九二）年大仏の開眼供養を行ない、宝永《ほうえい》六（一七〇九）年大仏殿の落慶供養を行ないました。しかし、この時はまだ中門・回廊は再建されず、回廊が完成したのは元文《げんぶん》三（一七三八）年のことでした。これが現在みる大仏殿一郭の姿ですが、最初は奈良時代創建の規模で再建しようと計画したものの、資金がたりず、大仏殿の桁行《けたゆき》一一間を七間に縮小してようやく再建を果たしたのでした。

このように、東大寺は二度の大火にかかったため、奈良時代のものは、法華堂《ほっけどう》（正堂《せいどう》）と転害門《てがいもん》、それに正倉院《しょうそういん》宝庫をはじめとする若干の校倉《あぜくら》だけで、鎌倉時代のものも、南大門・鐘楼《しょうろう》・開山堂《かいさんどう》のほかは、法華堂（礼堂《らいどう》）や二月堂《にがつどう》付属の建物を残すだけとなりました。しかし、近世の再建で、しかも桁行を縮小しているとはいえ、大仏殿は木造としては世界最大の規模をもち、天平創立の壮大さを今に伝えています。

南大門と大仏殿

東大寺の再建に当たり、重源が採用した宋の様式を大仏様と呼びます。以前はこれを天竺様《てんじくよう》といいましたが、天竺とはインドのことですので、インドの様式かと誤解されることもあり、また天竺様という名称はそう古いものではありませんので、今は大仏様といっています。鎌倉および江戸再建の東大寺大仏殿、京都の東福寺《とうふくじ》大仏殿、方広寺《ほうこうじ》大仏殿などに用いているので、こう名づけたのです。

南　大　門　では重源が採用した大仏様というのはどんな様式だったのでしょうか。まず南大門について見ていきましょう。

南大門の前に立つとき、だれしもその壮大さに圧倒されるでしょう。屋根は二重になっていますが、ふつうの二重の建築とはちがって、柱は上まで延び、下の屋根はいわば差しかけ屋根で、柱は二〇メートル近くの長さをもっています。このような長大な柱は大仏殿以外に見られません。

肘木《ひじき》はすべて柱にさしこまれた插肘木《さしひじき》で、大斗《だいと》上にのっている従来のものと根本的にちがいます。肘木は上下とも軒先近くまで六手《むて》延びています。手先の組物は長く前に出ていますので、その左右の振れを止めるため、ふつうは壁つきにしかない通肘木《とおりひじき》が、ここでは二本宙に浮いて左右の組物をつないでいます。丸桁《がぎょう》の上にかかる垂木《たるき》は反《そ》りがなく、地垂木《じだるき》だけの一軒《ひとのき》で、垂木の先は板（鼻隠板《はなかくしいた》）を打って、垂木先を隠しています。鎌倉時代には、化粧垂木《けしょうだるき》の上に別に野垂木《のだるき》をおいて屋根を葺《ふ》くようになっていたのですが、ここでは化粧垂木の上にすぐ瓦を葺いています（図60参照）。隅のところを見ると、垂木は放射状の扇垂木《おうぎだるき》になっています。これは法隆寺のところでも説明しましたように、大阪四天王寺《してんのうじ》講堂に使われた以外、古代では他に例を見ない手法ですが、中国のものはみなこの方式で、鎌倉時代に伝わった禅宗建築ではみな扇垂木になっています。

もう少し細かく見ていきましょう。挿肘木の先端にはふつうの肘木の曲線とはちがった、ぐりぐりの繰形《くりかた》がつき、斗《ます》にはお皿のようなものが下についています。これを皿斗《さらと》と呼んでいます。これと同様なものは、法隆寺金堂などでも見られました。隅行《すみゆき》（隅から四五度方向）の肘木《ひじき》の上にのる斗は建物の辺と平行においてありますので、斗の下面の角《かど》が肘木の外にはみだしています。ふつうはここに複雑な曲面を下にもった斗（鬼斗《おにと》）をおいて、斗の下面が肘木からはみだして見えるのを防いでいますが、ここではそんなことにおかまいなしで、ふつうの斗を建物の辺と平行においています。隅木は急な軒反《のきぞ》りに合わせるため、先が二叉に分かれ、それぞれ繰形をつけています。尾垂木《おだるき》も中備《なかぞなえ》もありませんが、柱と柱の中央のところでは斜めの材が出て、軒先の丸桁《がぎょう》を支えています。いまこれを遊離《ゆうり》尾垂木《おだるき》といっていますが、尾垂木とはちがうので、あまり適切な術語ではありません。

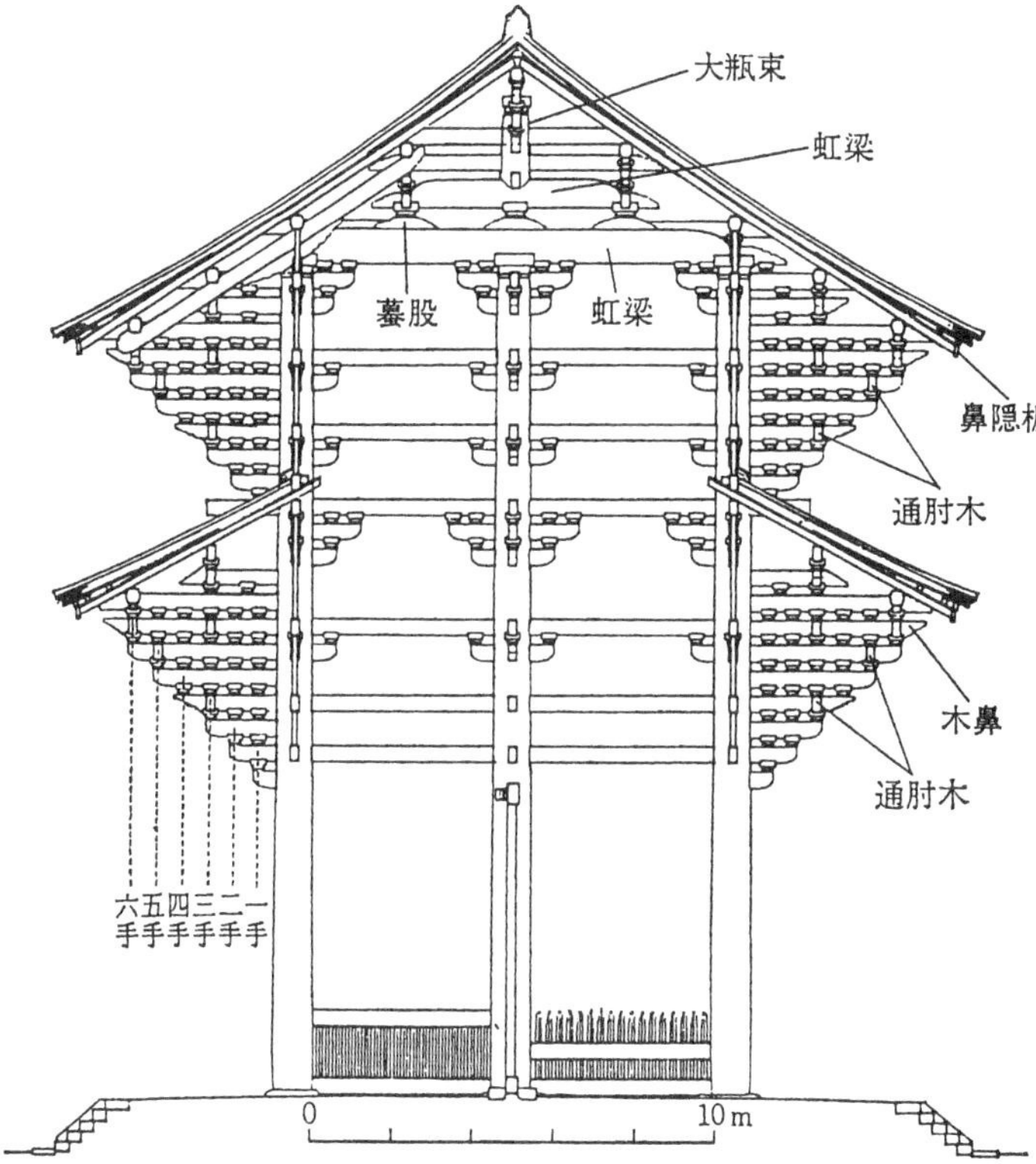

図60　南大門断面図

門の中に入って上を見ると、長大な柱がずっと上の方まで延び、外の肘木が三本ごとに内方に延びて柱を十文字に貫く貫《ぬき》になっています。これを見ると、なにか鉄骨造《てっこつぞう》のような感がしませんか。柱の上には皿斗つきの大《だい》斗《と》があり、太い断面円形の虹梁《こうりょう》をのせています。その上には肘木の先のぐりぐりの繰形を二つ合わせた形の蟇股《かえるまた》があり、上の虹梁を支えています。この形式は法隆寺でたくさん見た二重虹梁蟇股式の架構《かこう》です。法隆寺のものとは、梁《はり》や蟇股の形はちがいますが、その構造方法は同じです。下からはよく見えませんが、二重目の虹梁の上には断面の円い大瓶束《たいへいづか》が立って棟木《むなぎ》を支えています。このように虹梁の上に束を立てるのも、ここではじめて見る構造法です。

これらの従来まったく見られなかった手法は重源によって採用された中国、宋時代のものです。この大仏様は総括していえば、貫を多く用いて軸部を固め、隅に扇垂木《おうぎだるき》を使って隅の軒を支える力を増すという合理的な構造法をとり、挿肘木《さしひじき》という単純な構法を採用し、太い虹梁で構造の強さを表わすといった構造的な新しさと、構造のもつ美しさに主眼をおいたところにあるといえるでしょう。そして鼻隠板を打って垂木先を隠し、鬼斗を用いず斗尻《とじり》を見せるなど、無頓着ともいえる手法を用いています。その反面、繰形《くりかた》を使って装飾性を加えるなど、粗放ともいえる荒っぽさをもつ一面、装飾的なものももっています。これは、整然としてきめ細かい美しさをもった、しかしながら繊細に陥った平安末の和様《わよう》への反逆ともいえる様式でした。

重源と大仏様　新しい様式を重源が採用したといっても、みなさんは不審に思うでしょう。建築家でもないお坊さんに、そんな能力があったのかと。

重源が新しい様式の採用を企てたことについて、『法然上人絵伝《ほうねんしょうにんえでん》』は次のような話を伝えています。重源は東大寺再興にあたり、工匠《こうしょう》たちを集めて、意見を聞きました。

「今度の建築には、垂木の下に木舞《こまい》を打とうと思うが、きみたちはどう思うか」

木舞というのは、垂木の上に横に打つ桟《さん》で、その上に屋根の裏板を打つものです。工匠たちは驚きました。

「そんなことをしたら、みんなの笑い者になります」

「そうか。だが私はいささか考えるところがあるので、だまって私の言うことを聞いてはくれまいか」

「ひらにご容赦ください」

工匠たちは一様にそう答えました。ところがその中に、

「私が致しましょう」

と言うものがいました。重源は喜んで、

「そうか、お前がやってくれるか。だがお前はこんなものを造ったことがあるのか」と聞きますと、その工匠は答えました。

「そんなものを造ったことは、もちろんありません。でも、お上人様《しょうにんさま》がおっしゃるのですから、何でも仰せの通り致します」

これを聞いて、重源はその工匠を大工《だいく》に登用したというのです。「大工」というのは、今でいえば棟梁《とうりょう》、つまり工匠たちの頭をいうのです。その工匠は桜島国宗《さくらじまくにむね》と物部為里《もののべためさと》の二人でした。

これはもちろん、お話に過ぎません。しかし、もし重源が新しい様式を採用しようという意志がな

かったら、こんなことを聞くこともないでしょうし、またそうしたことがまったくなかったら、こんな話が伝わることもないでしょう。

昔は今とちがって、建築家という職能はまだはっきりとできていませんでした。建築の設計は、それを注文する人の意志によってきめられました。たとえばこんな話が『寛平御遺誡《かんぴょうごゆいかい》』という本に書いてあります。

桓武《かんむ》天皇が平安京造営のとき、平安京の正面の入口である羅城門《らしょうもん》の上棟式《じょうとうしき》を見に行かれました。天皇は棟《むね》を上げたばかりの門を見て、

「少し高すぎる。五寸（一五センチ）さげよ」といわれました。工匠の長である大工は困りました。この門は二重ですから、もう二重の柱も立て、組物をおき、垂木を打って、棟が上がっているのです。「五寸下げろ」といわれても、「この棒は長すぎるから五寸切れ」というようなわけにはいきません。それで「はい」と返事はしたものの、面倒なので改造はせず、そのままにして仕上げてしまいました。落成式にまた天皇が見えました。そこで天皇はいわれました。

「前に五寸低くせよといったけれども、五寸ではたりなかった。一尺下げろといえばよかった」

大工はびっくりしました。さぼって直さなかったのがばれたのかと。それで平伏して、申し上げました。

「実は仰せを受けましたが、その通り直さず、そのまま工事を進めました。どのようなお仕置きを

受けましても致しかたありません」

　しかし天皇は、大工が正直に申し上げたので、とくに罪に処することなく、お許しになったということです。

　もちろんこれもお話に過ぎません。真偽のほどは不明です。しかし、こうしたことが一般的になかったのなら、こんな話も生まれなかったでしょう。羅城門は二重の門ですから、高さ一五メートルはあったと思われます。そこで一五センチの高い低いを問題にするというのは、よほど鋭い審美眼の持ち主だったということができます。それは桓武《かんむ》天皇だけのことではなくて、建物の注文主である人々は、こうした目を持っているのが、ふつうとまではいかなくても、そうした人たちがいたからこそ、こんな話も生まれたのでしょう。

　平安時代の終りに書かれた『長秋記《ちょうしゅうき》』というお公家《くげ》さんの日記には、お寺を建てるにあたり、上皇《じょうこう》やその近臣たちが、設計にいろいろ注文をつけている様子が書いてあります。工匠たちはその注文を技術的にどう解決するかを担当しているのでした。現在の建築家に当たるのは、上皇とその近臣、およびその下にあって図面を引いた工匠たちだったのです。このような状態でしたから、東大寺の再建に当たって、僧である重源が自分の考えによって新しい様式を採用することができたのです。おそらく重源自身、建築について、かなりの知識をもっていたのでしょう。東大寺の鎌倉再建について書かれた『東大寺造立供養記《ぞうりゅうくようき》』には重源の「巧思《こうし》」によって再建ができたと記しています。

大仏殿（金堂） 南大門を入ると、正面に二階の中門が建っています。他の各寺では南大門を入ると、すぐ中門があったのですが、東大寺では南大門・中門間はかなり離れています。これは左右に、高さ一〇〇メートルという高塔を建てたためと思われます。

中門は和様《わよう》の楼門《ろうもん》です。このように二階建ての門で、初重に屋根のないものを楼門と呼んでいます。元来、楼門という言葉は二階建ての門という意味だったのですが、中世以後多く建てられた初重に屋根のない門と、屋根のある門（法隆寺中門や禅宗寺院の三門）と区別するために、前者を楼門といい、後者を二重門というように最近呼ぶようになったもので、古くからの用例ではありません。奈良では般若寺《はんにゃじ》楼門（鎌倉中期）と春日《かすが》神社南門（室町時代）が代表的な例で、平安時代末からは神社にも多く楼門が使われています。

楼門は法隆寺の鐘楼《しょうろう》・経楼《きょうろう》などと同じ造り方で、二階に回縁《まわりえん》をつくり、初重の柱上に組物をおいて、この回縁を受け、一階と二階の間の区切りとしています。下の屋根がないだけ軽やかに見え、いかにも日本人好みの意匠といえるでしょう。

中門の左右からは回廊が出て、大仏殿の左右に達しています。天平創建、鎌倉再建の回廊はともに複廊《ふくろう》（梁行《はりゆき》二間）で、中央の柱筋に連子窓《れんじまど》が入っていたのですが、近世再建にあたり、梁行間一間《けん》の単廊になりました。回廊も中門も和様ですが、鎌倉再建のものは、もちろん大仏様だったと思われます。大仏様の門や回廊の遺構はありませんので、どんな形式だったのかまったく不明です。

中門を入った大仏殿の前庭は広々としています。興福寺や唐招提寺では中門がなくなっていますので、昔の中門と金堂との感じはつかめませんが、どちらも金堂前はそう広いものではありませんでした。東大寺では巨大な大仏殿の前だけに、とくに広くしたものと思われます。

大仏殿は桁行《けたゆき》を一一間から七間に縮小していますが、大仏を覆うため奥行と高さは減らせないので、もとのままになっています。鎌倉再建のとき大仏様で造られたことは、家原寺《えばらじ》（大阪）にある『行基《ぎょうき》菩薩《ぼさつ》行状《ぎょうじょう》絵伝《えでん》』（鎌倉時代）に鎌倉再建の大仏殿が描かれていて、大仏様だったことがはっきりしています。

元禄《げんろく》再建の現在の大仏殿が大仏様によっているのは、鎌倉再建の大仏殿の伝統を受けついだためでしょう。六手先《むてさき》の插肘木《さしひじき》、鼻隠板《はなかくしいた》、木鼻《きばな》の一部、皿斗《さらと》つきの斗《ます》などは南大門と同様ですが、隅に扇《おうぎ》垂木《だるき》を使わず、遊離《ゆうり》尾垂木《おだるき》はなく、扉も桟唐戸《さんからと》ではありません。これは江戸時代の再建にあたり、南大門を手本にしたというよりも、京都の方広寺《ほうこうじ》大仏殿の図面が残っていたので、それによったとみた方がよいかと思われます。

いずれにしても、このような大規模な建物が建てられるとき、大仏様が用いられたということは、注目すべきことだといえるでしょう。

鐘楼と法華堂

鐘《しょう》楼《ろう》 大仏殿の東方の岡上には天平創立当時の大鐘《おおがね》を釣った鐘楼があります。鐘楼は元来、法隆寺で見たような楼造りの建物でしたので、二重の建物でなくても、鐘を釣った建物はみな鐘楼と呼ぶようになりました。この鐘楼は平安時代には「鐘堂」と書かれていますので、もとから一重の建物だったと思われます。いまではどの寺でもこのような四本柱で吹放しのものの方が多くなっています。鐘楼は重源時代のものではなく、重源の死後、第二代の大勧進《だいかんじん》となった栄西《ようさい》が建てたもので、承《じょう》元《げん》年間（一二〇七―一一）のものと考えられます。

この建物でまず注目されるのは、鐘の釣り方です。鐘は建物の中央を南北に通る太い虹梁《こうりょう》に釣られています。この虹梁の両端は頭貫《かしらぬき》上にかかっているのですが、またこの虹梁はそれと直交する二本の虹梁で支えられます。この下の虹梁は頭貫と内法貫《うちのりぬき》の間にある貫（飛貫《ひぬき》という）で支えられ、その下に短い束《つか》を立て、内法貫とその下の柱で支えられています。要するに鐘の重さは虹梁や貫《ぬき》で隅の柱にも伝えられますが、大部分は隅柱より内方にある角柱《かくばしら》にかかることになり、建物の内に鐘を支えるための軸組を組みこんだ形になっています。そして、たがいに直角に交叉した虹梁は断面円形のたいへん太いもので、大鐘を支える力を誇示するかのようです。

柱を貫通する頭貫・内法貫・地貫《じぬき》（柱の根元の貫）あるいは虹梁の先端、また虹梁を支える蟇股《かえるまた》状の材はすべてぐりぐりのある大仏様繰形《だいぶつようくりかた》がつけられ、とくに内法貫と地貫の柱からの出が大きく、建物の安定感を高める一要素になっています。このような、巧妙で迫力ある軸部の構造法は他にまったく例のない、豪快なものといえましょう。

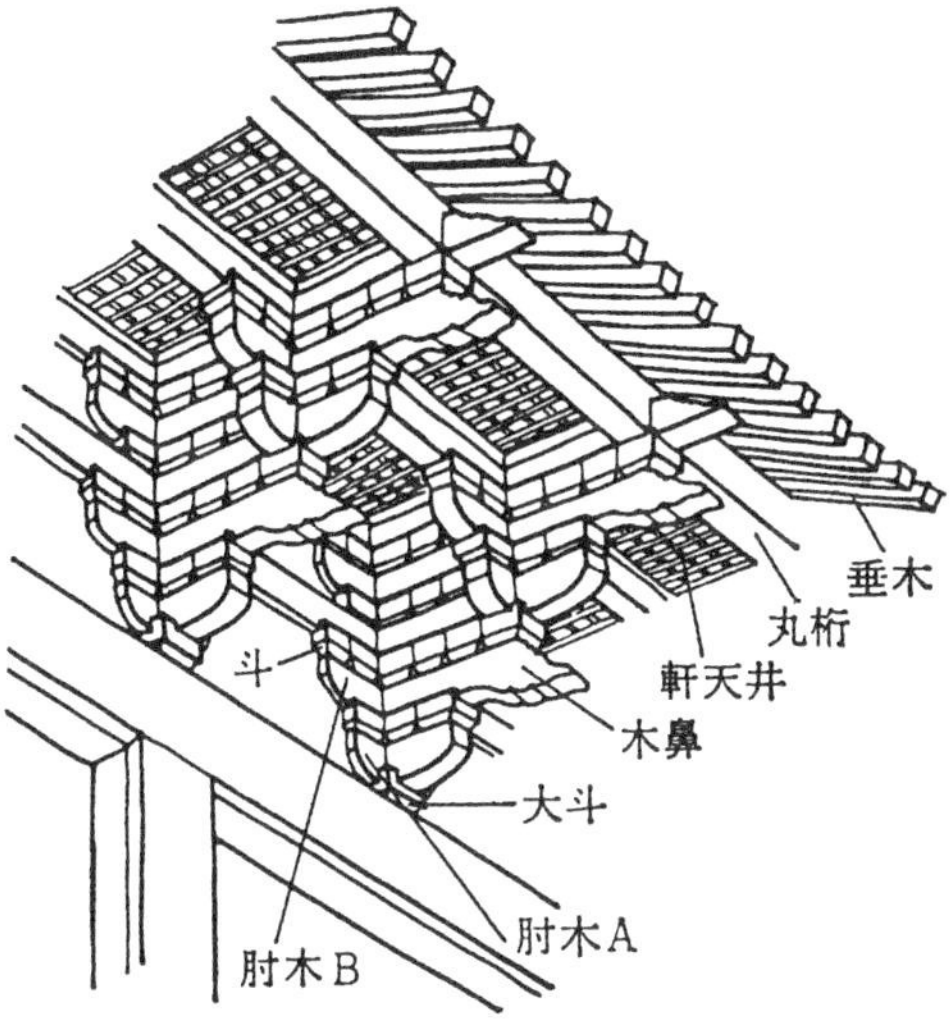

図61　鐘楼組物

組物《くみもの》は插肘木《さしひじき》ではなく、柱上に平たい大斗《だいと》をおき、上に肘木《ひじき》、斗《ます》と組み上げていった形で、四手先《よてさき》とみるべきものでしょうが、これだけ前方に出て、尾垂木《おだるき》をもたないものは他にありません。尾垂木の代わりに、肘木の先に繰形をつけ、形式的に尾垂木のように見せているだけです。斗は左右が隣接しているのも珍しいことですが、この斗は実はその上の肘木と一木です。丈《せい》の高い材に肘木と斗の形を彫り出しただけで、いわば見せかけのものに過ぎません。肘木と斗の高さを合わせた一本の材ですから、肘木と斗が別になっているふつうの組物より、ずっと支持力があります。

このように、肘木と斗を一木にしたり、あるいは横に並ぶ斗と斗とを一木から造り出す方法は中世建築でしばしば行なわれる構造強化法で、興福寺東金堂・五重塔では並んでいる斗と肘木を一本の材から刻み出し、その間を白く塗って壁のように見せています。

組物は柱上にあるだけでなく、ここでは柱間に中備《なかぞなえ》として三組の組物がおかれています。このように柱と柱の間にも組物をおく方式を詰組《つめぐみ》といって、禅宗様《ぜんしゅうよう》で使われる手法です。この中備の組物は壁つきの肘木が二段になり、下の肘木Aより上の肘木Bの方が長く、隠れて全部見えませんが、Aには三つの斗、Bには五つの斗がのっています。つまり肘木が左右に二手《ふたて》の広がりをもっています。和《わ》様《よう》では壁つきの肘木が二手になることはなく、大仏様でも中備《なかぞなえ》は一手《ひとて》だけで、これも禅宗様的手法といえます。

軒は反《そ》りのない垂木で二軒《ふたのき》とし、扇垂木《おうぎだるき》にしません。鼻隠板を打ち、隅木《すみぎ》の先は南大門と同じように繰形《くりかた》をつけています。軒反《のきぞ》りは非常に大きく、宋《そう》風です。野小屋《のごや》は造っていません。隅木は入母屋《いりもや》造《づくり》であるにもかかわらず、中央まで延ばして組んでいます。これは重源が建てた兵庫県の浄土寺浄土《じょうどじ》堂と同じで、大仏様の考え方でしょう。

これらを通じて、この建築には大仏様のところが多く、その構架法《こうかほう》などは大仏様の手法を熟知した工匠でなければ造れないすぐれたものです。しかし、平行の垂木や軒天井《のきてんじょう》など、わずかですが和様《わよう》のところがあり、組物の形式は禅宗様に似たところがあります。この部分はおそらく栄西《ようさい》の考えによるものと思われ、それを大仏様の一分派とみるか、禅宗様系として見るかは別として、宋で行なわれていたものを栄西が伝えたと考えられます。

法華堂《ほっけどう》（三月堂《さんがつどう》）　法華堂は天平彫刻の宝庫として名高いのですが、建物も正堂《せいどう》は本尊《ほんぞん》と同時の奈良時代のものとして、また礼堂《らいどう》は鎌倉時代のものとして、屈指の名作です。

複雑な屋根の形をしていますが、これは桁行《けたゆき》五間、梁行《はりゆき》四間、寄棟造《よせむねづくり》の正堂の前に、桁行五間、梁行二間、寄棟造の礼堂が軒を接してあったのを、両堂の棟《むね》と直角の棟をもった屋根を上にかけてつないだ結果です。

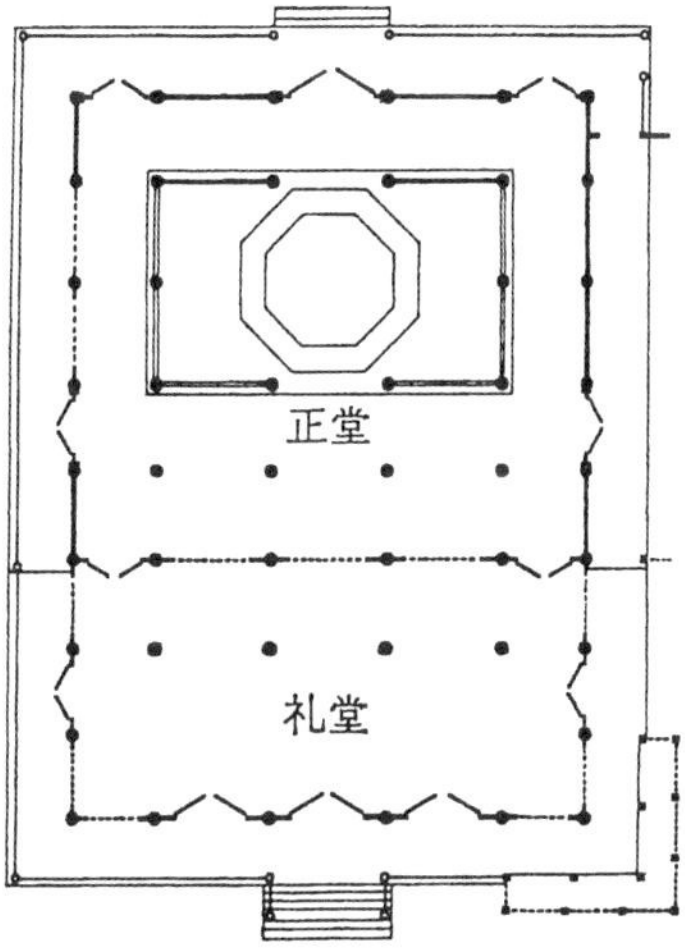

図62　法華堂平面図

奈良時代には前後に桁行の同じ建物を二棟《とう》建てたものがありました。これを双堂《ならびどう》といっています。現存するものでは法隆寺食堂《じきどう》・細殿《はそどの》とこの法華堂です。法隆寺の方は屋根が離れていますので、構成がよくわかりますが、法華堂の方は、側面の外壁がつながり、屋根が連結されていますので、外から見たところではすぐ理解できないでしょう。しかし、連結されたところの柱上の小壁《こかべ》や、軒裏、軒下の樋《とい》を見てくだされば、この建物が元来正堂と礼堂の二棟だったものを連結したのだということが分かるでしょう。

法華堂は東大寺が創立される前からあった金鐘寺《こんしゅじ》の羂索堂《けんさくどう》でした。金鐘寺の創立は明らかでありませんが、天平一一（七三九）年の文書《もんじょ》に「金鐘山房《こんしゅさんぼう》」と書かれているのが、これに当たると思われます。羂索堂の名は天平勝宝《てんぴょうしょうほう》元（七四九）年の文書に出ていますので、これより前の造立《ぞうりゅう》です。平安時代に書かれた東大寺の寺誌『東大寺要録』によりますと、五間の正堂とその前に檜皮葺《ひわだぶき》の五間の礼堂があります。おそらくこの構成は奈良時代からのものだったでしょう。まえに礼堂があるため、正堂の当初の姿は背面でないと見えません。寄棟造の屋根がゆるくかかり、組物は簡素で、装飾はまったくなく、ゆったりと落ち着いた外観をもっています。

側面からみると、奈良時代の正堂と鎌倉時代の礼堂との差がよくわかります。正堂の柱は上が細くなっていますが、礼堂の柱はまったくの円筒形です。正堂では柱の頂部近くに長押《なげし》を打っていますが、礼堂は貫《ぬき》で、先端に大仏様《だいぶつよう》の繰形《くりかた》をつけています。正堂の扉は表面が平らな板扉《いたとびら》で、長押に軸を入れて釣っていますが、礼堂の扉は四方に枠《わく》を組み、上部に連子《れんじ》を入れ、下は薄い板を入れた桟唐戸《さんからと》の一種で、貫に藁座《わらざ》を打って扉の軸を受けています。

正堂の組物は出組《でぐみ》です。大斗《だいと》から前方に一手《ひとて》出し、上に三斗《みつと》をおいて丸桁《がぎょう》を支えています（図63）。礼堂の方も出組なのですが、構造はちょっと複雑です。いちばん下の肘木《ひじき》は頭貫《かしらぬき》位置で插肘木《さしひじき》になっ

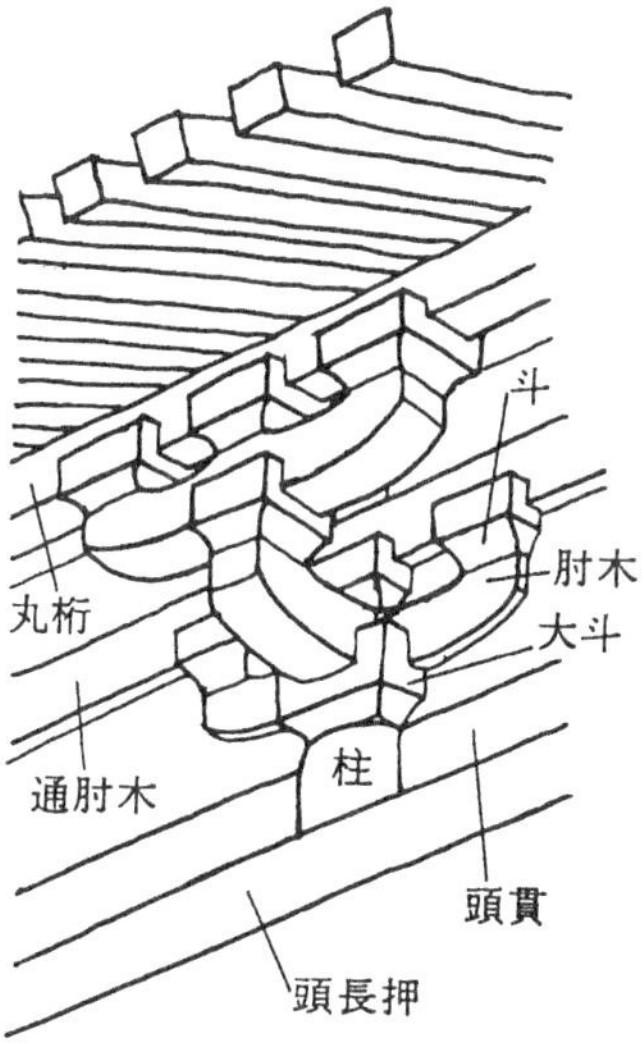

図63　正堂組物

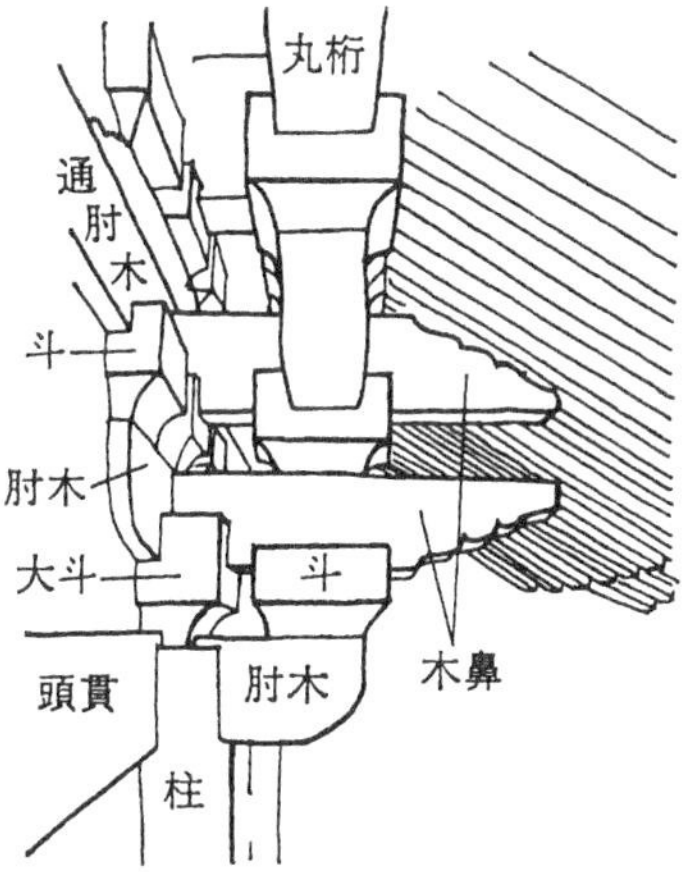

図64　礼堂組物

て前方に出て、斗《ます》で肘木を受けるのですが、この肘木の先は大仏様の繰形になっています。その上に斗をおき受ける肘木も同様で、それと直交して三斗をおいて丸桁を受けています。この丸桁の上に、内方から出た横架材《おうかざい》が丸桁とかみあっています（図64）。同じ出組とはいうものの、正堂のは前方に出た肘木が一段あるだけで、それから上は、壁上の材とつながれていません。このように内方まで通っている横架材で前方に出ている桁《けた》や組物をつなぎ、手先の部分が下がったり、前に出たりするのを防いでいます。これは大仏様の特色といってもよく、それはまた中世以後の建築につねに用いられたものです（薬師寺東院堂にも見られます）。垂木は両堂とも地垂木《じだるき》も飛檐《ひえん》垂木《だるき》も角で、扇垂木《おうぎだるき》になっていない点も同じです。

中備《なかぞなえ》は正堂は二段に重なった間斗束《けんとづか》ですが、礼堂は下段は普通の間斗束ですが、上段は蟇股《かえるまた》・斗《ます》・実肘木《さねひじき》で、大仏様繰形をもっています。正堂の肘木は長く、上面の角《かど》に水繰《みずくり》がありますが、礼堂には水繰はありません。この肘木の形の違いは、礼堂の組物が固くみえる一因です。なお礼堂の大斗《だいと》の下方は頭貫《かしらぬき》の上面より低く、大斗は頭貫をまたいでいるのです。これは南大門や鐘楼の大斗もそうなっていて、大斗が前後に動かないための工夫で、大仏様の一手法です。

内部は両堂を一緒に見ることはできませんから、まず正堂から見ましょう。正堂はいま土間になっていますが、もとは周囲の縁《えん》の高さに床がありました。母屋《もや》内には床が張られ、八角二重の仏壇がおかれています。仏壇の高欄に卍崩《まんじくず》しの組子《くみこ》が入っているのは古風です。仏壇の背面には厨子《ずし》がおかれ、執金剛神《しゅうこんごうじん》が安置されていますが、この厨子は鎌倉時代のもので、もと執金剛神がどのような形で安置されていたかはわかりません。母屋《もや》背面左右には壁がありますが、中央に壁がないのに、左右にだけあるのは不思議で、はじめは壁はなかったのでしょう。母屋柱上には台輪《だいわ》と呼ぶ盤がのっています。台輪は塔には必ず用いられますが、古代の仏堂であるのは、ここと法隆寺金堂だけです（中世以後の禅宗仏殿にはあります）。母屋柱上の組物は内外とも出組とし、虹梁《こうりょう》を前後にかけ、蟇股《かえるまた》をおいて折上《おりあげ》組入天井《くみいれてんじょう》としています（庇《ひさし》は化粧《けしょう》屋根裏《やねうら》）。

正堂は台輪を使っている以外、奈良時代の普通の形式によっていますが、母屋背面に壁がないのは古風といえるでしょう。また床を張り、縁をめぐらすのは、日本化の表われと見られます。

正堂にたいし、礼堂の内部はまったく変わっています。天井はなく化粧屋根裏で、架構はすべて隠されることなく、下から全部見えます。外に出た大斗上の肘木は内方では虹梁となり、插肘木《さしひじき》で支えられています。その上には二本の大瓶束《たいへいづか》（断面が円く虹梁をまたいで立つ束）があって、その束を肘木が延びて貫通し、上に蟇股がのっています。束上の横架材は外に延びて丸桁《がぎょう》とかみあっている材です。その材の上には三つ斗《ます》をおき、虹梁を支え、また大瓶束を立て、棟木《むなぎ》を支えますが、この大瓶束の頂部にも横架材が貫通しています。この架構は二重虹梁蟇股式を変えたものです。側方によって上を見ますと、下の虹梁の中央から、三方に虹梁が出て組物とつないでいます。このように、虹梁の途中にまた虹梁をかけるというようなことは、古代ではまったく見られなかったことです。

このように、礼堂は奈良時代の正堂とできるだけ調和をとりながら、大仏様の手法を随所に採り入れ、内部の架構は斬新な手法を駆使して、見事な構造美を示しています。東大寺内の大仏様は、承元《じょうげん》（一二〇七―一一）ごろの鐘楼以後はまったく形式化し、見るべきものはなくなってしまいます。したがって、礼堂の建設年代は棟札にある正治元《しょうじ》（一一九九）年で、重源在世中の大仏様の活気ある時代を表わすものとすべきでしょう。

東大寺には、このほかたくさんの古い建物があります。そのなかでも天平創立当初のものとしては、転害門《てがいもん》と、いまは宮内庁の管轄になっている正倉院宝庫があります。転害門は西面の築地《ついじ》に開かれた

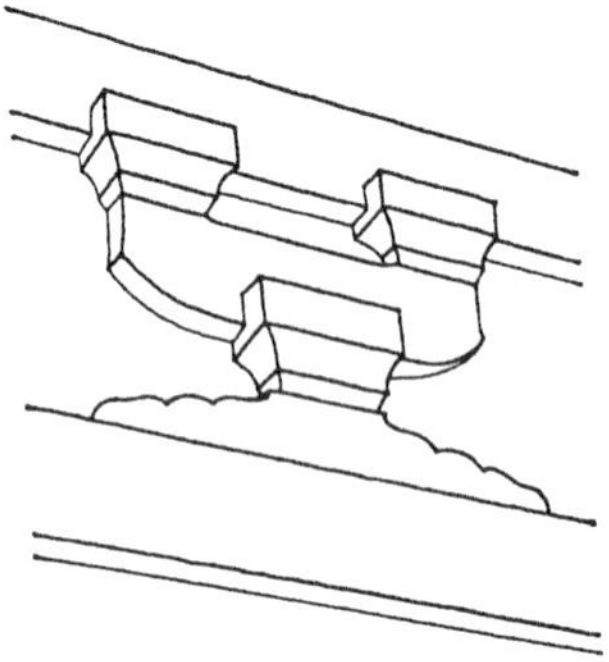

図65　開山堂双斗

三つの門のうちの一つで、法隆寺東大門と同じ切妻造《きりづまづくり》、三間一戸の八脚門《はっきゃくもん》ですが、東大寺にふさわしい、壮大な気宇を感じさせます。また正倉院宝庫は校倉造《あぜくらづくり》の双倉《ならびぐら》の中央も板で囲って倉としたもので、校倉造の双倉として現存最古の、また最大のものです。

　法華堂の前、築地の中に宝形造《ほうぎょうづくり》の小さなお堂、開山堂《かいさんどう》があります。この堂は東大寺の開山といわれる良弁僧正《ろうべんそうじょう》をまつった建物で、良弁の木彫（平安時代）が安置してあり、毎年良弁の忌日《きにち》（一二月一六日）に開扉され、この日だけ拝観できます。この建物はもと別のところにあったのを、建長二（一二五〇）年ここに移したもので、中央の方一間は重源が鎌倉時代の初めに建てたもの、周囲の庇《ひさし》は移転のときつけ加えたものです。庇は和様《わよう》色の濃いものですが、中央の母屋《もや》は大仏様の典型的なもので、組物や木鼻《きばな》、あるいは桟唐戸《さんからと》などにその特徴がみられます。中備《なかぞな》えは大仏様の繰形《くりかた》をもった蟇股《かえるまた》の上に、双斗《ふたつと》が乗っています。双斗は鎌倉時代末から室町時代に、瀬戸内海沿岸地方に行なわれた折衷様《せっちゅうよう》（大仏様と禅宗様をとり入れた和様）によく見られるものですが、開山堂の例からみて、これが大仏様の系統に属すものであることが、はっきりとわかります。法隆寺の南大門でみた双斗は、これが発展し装飾的になったものです。

『奈良の寺々』の使いかた

藤井恵介

太田博太郎先生は、『奈良六大寺大観』（全十四冊、昭和四三～四八年、岩波書店）、『大和古寺大観』（全七冊、昭和五一～五三年、岩波書店）という大規模な研究書シリーズを刊行されたあと、ご自分の著作集の編集にとりかかった。昭和五五年頃から具体的な編集作業が開始されて、昭和五八～六一年に三冊の著作集『日本建築の特質』『社寺建築の研究』『日本住宅史の研究』（岩波書店）が刊行された。この準備に並行して執筆されたのが本書『奈良の寺々』（岩波ジュニア新書43）である。刊行は昭和五七年。研究書シリーズが終了したら、少年向けや一般向けの解説書を書く約束を出版社と結ばれていたのだろう。

私は、平面図などの図版の版下作成をお手伝いすることになった。フリーハンドの図は小泉和子さんの手になる。しかも、幸運にも、出版社内で先生が実際に紙面作りを進めるお姿を拝見することになった。先生は図版の割付けを全部ご自分で決めていた。計算尺を片手に持って、仕上がり寸法を決めてゆくのである。速断即決であって、どんどん図版の割付けが決まっていく。

建築の本は、多数の図版を挿入する必要があるのだが、図版の大きさは画一的なルールを決めておけばよいわけではない。いつも一点ずつこのような作業が必要となるのだ。紙面の構成を他人任せにできない太田先生は、いつもこの作業をなさっていたのだろう（よく考えると、太田先生は若いころから専門誌『建築史』（昭和一四～一九年）、『建築史研究』（昭和二五～五一年）の編集も担当されていたから、割付け作業には熟達されていたのだ）。

本書の内容は、古代に創建された奈良の寺々の歴史と、現存する古建築を解説したものである。先生は、『奈良六大寺大観』『大和古寺大観』で南都七大寺の歴史を執筆していたから、現存していない建築も含んだ各寺の歴史像全体が語られている。取り上げられた寺院は法隆寺、薬師寺、唐招提寺、興福寺、東大寺の五か寺である。寺院の順序は、現存する中心建築の年代順であるようだ。目次で示された建築は以下のようである。法隆寺は金堂・五重塔・中門・講堂・回廊・夢殿・伝法堂、薬師寺は東塔・東院堂、唐招提寺は金堂・講堂・舎利殿、興福寺は北円堂・三重塔・東金堂・五重塔、東大寺は南大門・大仏殿・鐘楼・法華堂。すなわち、奈良の寺院に所在する古代・中世を代表する建築のほぼ全部が収録されているのである。

本書を読み進めてゆくと、各自の個別解説に加えて、寺院建築の歴史の全体にかかわる多様なテーマについて語られていることが判る。

法隆寺であれば、まず七世紀初頭の寺院の創立や有名な再建非再建問題に関わること、などが語られ、徐々に個々の建築の特徴へと進む。しかし、その途中に「七堂伽藍」という項目があって、寺院を構成する諸建築、塔、金堂、講堂、僧房、経蔵、鐘楼、食堂（以上を「七堂伽藍」という）について、それぞれの建築のインド以来の系譜、内包している機能、などについてていねいに説明する。また引き続いて「古代寺院の建築の配置」という項目を立てて、六世末～七世紀における日本の寺院の伽藍配置の変遷について論じるのである。先生は、一つの寺院の歴史や建築を語るとき、その背景にある広い歴史的世界を解説するのである。

また、「古代寺院の構造」では、古代での建築の建て方を簡潔に説明する。ここで示されているのは、古い建築を理解するうえで必要不可欠な基礎的な建築構築システムである。この部分は、日本の建築の構築法について書かれた、最初の最も要領のよい解説であって、これ以後の関連出版物は、すべてこの文章に準拠しているのではないだろうか。果たして、図版が少し足りない気もするので、これで十分理解できるか多少不安も感じるのだが。

また、東大寺の章では、南大門と大仏殿の鎌倉再建についても多くが論じられている。鎌倉再建の時に用いられた「大仏様」という特異な建築技法を解説するためである。

本書には、目次から順に読みすすめる、という普通の書籍としての読みかたとは別の使い方が仕組まれている。要するにもっと広く建築について知りたいと思ったとき、その情報に容易にたどり着けるようになっているのである。そのために巻末に詳細な「建築用語さくいん」が準備されている。本復刊本では五頁にも及ぶもので二六五語が採録されている。

門について索引を調べてみる。「門」という項目はないのだが、以下のような各種の門が拾える。「上土門」七五頁、「唐門」七〇、七五頁、「四脚門」七五、七六頁、「大門」七四頁。「中門」一六、五五、七八、九一、一六〇頁、「東大門」七五頁、「南大門」五五、七四、七六、一五三頁、「二重門」一六〇頁、「八脚門」七四、一七〇頁、「四足門」七五頁、「楼門」一六〇頁。ここに載っていない門の形式はほとんどない。気が付くのは「棟門」「薬医門」ぐらいである。索引から調べてみると、日本の門の形式について、全体がほぼ判ってしまうのである。

同じく天井について。「天井」という項目はないのだが、以下のような各種天井を探すことができる。「折上組入天井」三〇、四五、一二二、一二六、一六八頁、「折上小組格天井」一二三、一二六頁、「格天井」一一一頁、「小組格天井」一一一、一二六頁、「軒天井」一〇四、一一九、一六四頁。ここに入っていない天井は、住宅に多く使う「棹縁天井」と禅宗建築に特有の「鏡天井」くらいである。寺院建築に用いる高級な天井については、本書で十分な理解に達するのである。

また、建築に特有な面白い概念にたどり着くことも出来る。一般には聞きなれない言葉だが、「の

（野）」八三頁、「けしょう（化粧）」八三頁、というものがある。八三頁は法隆寺夢殿解説である。屋根のなかに垂木が二重に打たれていて、瓦を載せる上の方の垂木を「野垂木」、下から見える垂木を「化粧垂木」ということについて以下のような解説が加えられる。「化粧というのは外から見えるもの、野というのは隠れていて外から見えないものをいうのです」。建築固有の「野」「化粧」という重要な語が簡単に理解できるし、さらに日本建築の屋根の発達史まで判ってしまうのである。

本書は奈良の寺々の少年や一般人向けの解説書であるのみならず、日本の建築について、知りたい、と思ったとき、とりあえず開いてみるべき本であって、開けてみると期待以上の情報が得られるのは確かだと思う。

私はこの本が出版されたとき、すでに初学者の域を脱していて、本書の世話になることはなかったのだが、もし大学一年や二年の時に本書に出会っていたのなら、古建築についての基本的な知識と言葉のすべてをこの本から得ることになったのではないかと思う。

（東京大学名誉教授）

本書の原本は、一九八二年に岩波書店より刊行されました。

建築用語さくいん

本文および挿図に出てくる箇所のうち主要なものをあげました。二ヵ所以上出ているものは、**太字**のところに説明があります。

あ　行

か　行

さ 行

た　行

な　行

は　行

ま　行

や～わ行

著者略歴

一九一二年　東京生まれ
一九三五年　東京帝国大学工学部建築学科卒業
東京大学助教授・教授、東京大学名誉教授、武蔵野美術大学教授、九州芸術工科大学学長、武蔵学園長を歴任、
日本学士院会員
二〇〇七年　没

〔主要著書〕
『日本建築史序説』（彰国社、一九四七年、増補第三版二〇〇九年）、『奈良六大寺大観』（全一四巻、岩波書店、一九六八～七三年）、『大和古寺大観』（全七冊、岩波書店、一九七六～七八年）、『日本建築史論集』１～３（岩波書店、一九八三～八六年）

読みなおす日本史

奈良の寺々
古建築の見かた

二〇一九年（令和元）十月一日　第一刷発行

著　者　太《おお》田《た》博《ひろ》太《た》郎《ろう》
発行者　吉川道郎
発行所　株式会社 吉川弘文館
郵便番号一一三―〇〇三三
東京都文京区本郷七丁目二番八号
電話〇三―三八一三―九一五一〈代表〉
振替口座〇〇一〇〇―五―二四四
http://www.yoshikawa-k.co.jp/

組版＝株式会社キャップス
印刷＝藤原印刷株式会社
製本＝ナショナル製本協同組合
装幀＝渡邉雄哉

ISBN978-4-642-07109-3

読みなおす
日本史

刊行のことば

現代社会では、膨大な数の新刊図書が日々書店に並んでいます。昨今の電子書籍を含めますと、一人の読者が書名すら目にすることができないほどとなっています。ましてや、数年以前に刊行された本は書店の店頭に並ぶことも少なく、良書でありながらめぐり会うことのできない例は、日常的なことになっています。

人文書、とりわけ小社が専門とする歴史書におきましても、広く学界共通の財産として参照されるべきものとなっているにもかかわらず、その多くが現在では市場に出回らず入手、講読に時間と手間がかかるようになってしまっています。歴史の面白さを伝える図書を、読者の手元に届けることができないことは、歴史書出版の一翼を担う小社としても遺憾とするところです。

そこで、良書の発掘を通して、読者と図書をめぐる豊かな関係に寄与すべく、シリーズ「読みなおす日本史」を刊行いたします。本シリーズは、既刊の日本史関係書のなかから、研究の進展に今も寄与し続けているとともに、現在も広く読者に訴える力を有している良書を精選し順次定期的に刊行するものです。これらの知の文化遺産が、ゆるぎない視点からことの本質を説き続ける、確かな水先案内として迎えられることを切に願ってやみません。

二〇一二年四月

吉川弘文館

読みなおす日本史

飛　鳥　その古代史と風土　門脇禎二著　二五〇〇円
犬の日本史　人間とともに歩んだ一万年の物語　谷口研語著　二一〇〇円
鉄砲とその時代　三鬼清一郎著　二一〇〇円
苗字の歴史　豊田　武著　二一〇〇円
謙信と信玄　井上鋭夫著　二三〇〇円
環境先進国・江戸　鬼頭　宏著　二一〇〇円
料理の起源　中尾佐助著　二一〇〇円
暦の語る日本の歴史　内田正男著　二一〇〇円
漢字の社会史　東洋文明を支えた文字の三千年　阿辻哲次著　二一〇〇円
禅宗の歴史　今枝愛真著　二六〇〇円
江戸の刑罰　石井良助著　二一〇〇円
地震の社会史　安政大地震と民衆　北原糸子著　二八〇〇円
日本人の地獄と極楽　五来　重著　二一〇〇円
幕僚たちの真珠湾　波多野澄雄著　二二〇〇円
秀吉の手紙を読む　染谷光廣著　二一〇〇円
大本営　森松俊夫著　二二〇〇円
日本海軍史　外山三郎著　二一〇〇円
史書を読む　坂本太郎著　二一〇〇円
山名宗全と細川勝元　小川　信著　二二〇〇円
東郷平八郎　田中宏巳著　二四〇〇円
昭和史をさぐる　伊藤　隆著　二四〇〇円
歴史的仮名遣い　その成立と特徴　築島　裕著　二二〇〇円

吉川弘文館
（価格は税別）

読みなおす日本史

鎌倉幕府の転換点 『吾妻鏡』を読みなおす
永井 晋著　二二〇〇円

奈良の寺々 古建築の見かた
太田博太郎著　二二〇〇円

日本の神話を考える
上田正昭著　（続　刊）

吉川弘文館
（価格は税別）